«Dos de mosqueo, y una de abuso»

el autor, con todo respeto

TERCERA PARTE

## La nutrición

# INDICE

## PRIMERA PARTE

## La materia viviente



## SEGUNDA PARTE

## El organismo elemental

# SONORO COLOFÓN

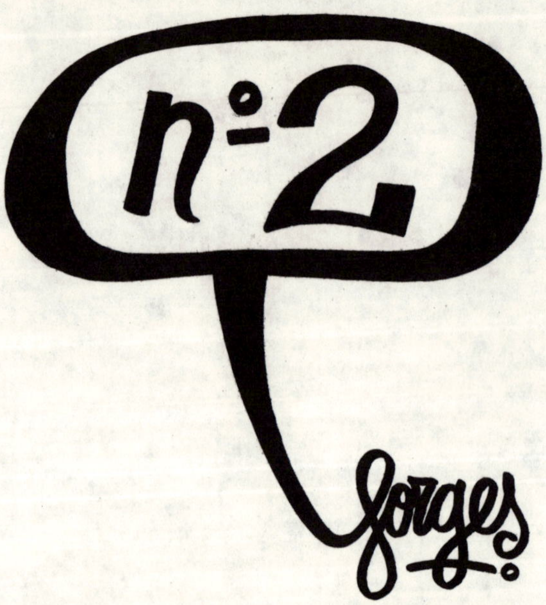
nº2
forges

ANTONIO FRAGUAS

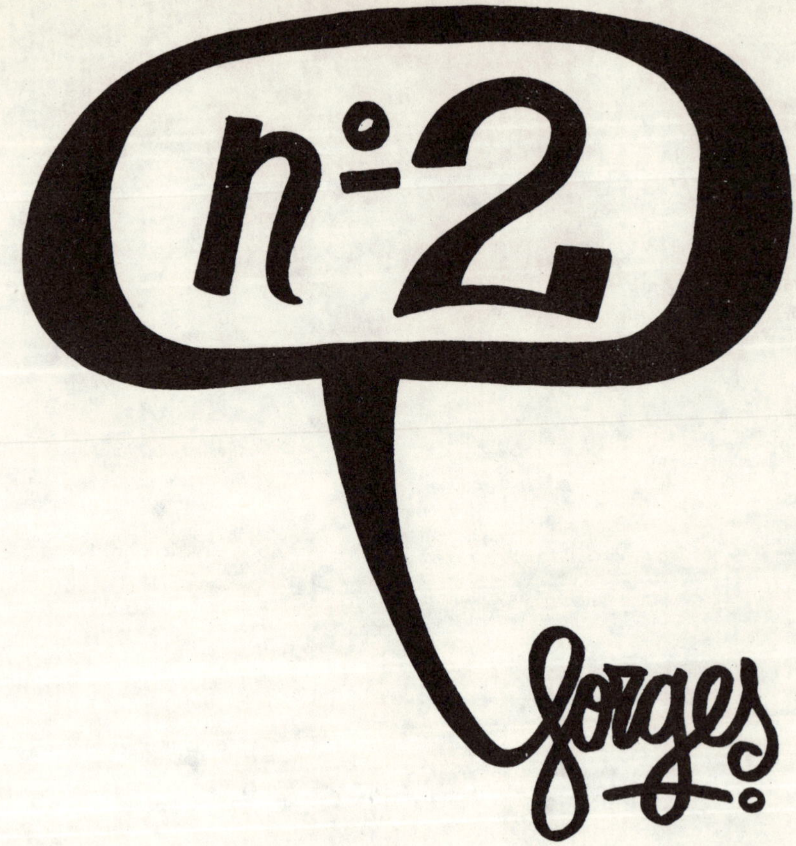


SEDMAY EDICIONES, S. A.

Primera edición: diciembre 1974.
Segunda edición: enero 1975.
Tercera edición: enero 1975.
Cuarta edición: enero 1975.


Ediciones SEDMAY
Doctor Fleming, 51 - Tel. 416 12 00 - MADRID-16
ISBN: 84-7380-012-5.
Depósito legal: M-38.599/74.
Impreso por: ALTAMIRA ROTOPRESS, S. A.
Carretera Barcelona, Km. 11,200 - MADRID-22.

«Nunca segundas partes fueron buenas»

ANÓNIMO

«A casi todos los españoles.»

Forges

# Prólogo



Pérez Rodríguez, A. –Lucio del Valle, 8 253 2778
" Rodríguez, A. –Mariano Serrano, 5 215 3998
" Rodríguez, A. –Martínez Izquierdo, 5 256 3412
" Rodríguez, A. –Pº Habana, 70 259 5282
" Rodríguez, A. –Peñuelas, 34 468 3639
" Rodríguez, A. Pico de los Artilleros, 8 773 5506
Pérez Rodríguez, A. Pl. Cde. Miranda, 1 241 4885
Pérez Rodríguez, A. Pl. Emperador Carlos V, 10 228 4475
Pérez Rodríguez, A. –Pl. V. Mella, 8 231 0752
" Rodríguez, A. –Ponzano, 31 234 3726
" Rodríguez, A. –Salasierra, 5 260 6142
" Rodríguez, A. –San Galasio, 3 736 0685
" Rodríguez, A. San Hermenegildo, 18 257 3163
Pérez Rodríguez, A. –Ag. Com. San Vicente, 20 221 9197
Pérez Rodríguez, A. –Decorad. Hartzembusch, 16 224 6713
Pérez Rodríguez, A. –Magistrado,. S. Mateo, 21 223 1834
Pérez Rodríguez, A. –Restaur. Carranza, 3 223 9165
Pérez Rodríguez, A. M. –V. Pradera, 6 241 4580
" Rodríguez, B. –Marquesa Argueso, 2 469 9018
" Rodríguez, B. –Pº Dirección, 8 459 1319
" Rodríguez, B. –Pº Sta. M. Cabeza, 99 260 8463
" Rodríguez, B. –Pl. Oeste, 2 215 4671
" Rodríguez, B. –Toledo, 87 265 5072
" Rodríguez, C. –Alcalá, 367 408 0131
" Rodríguez, C. Cdad. Angeles, Bl. 23–A 217 1336
Pérez Rodríguez, C. –Dr. Castelo, 50 274 0731
" Rodríguez, C. –G. Azcárate, 24 260 5628
" Rodríguez, C. Gobernador Carlos Ruiz, 7 477 4611
Pérez Rodríguez, C. Pº de las Delicias, 146 467 1073
Pérez Rodríguez, C. –Pez, 31 232 3695
" Rodríguez, C. –Pico Artilleros, 214 773 5129
" Rodríguez, C. –Sta. Felicidad, 14 245 0804
" Rodríguez, C. –Artíc. Piel, Conde Romanones, 11 239 8599
Pérez Rodríguez, C. –Electr. Fortuni, 43 410 0605
Pérez Rodríguez, C. –Salchich. Av. Fueros, 49 217 0438
Pérez Rodríguez, D. Los Navalmorales, 18 208 3913
Pérez Rodríguez, D. –San Juan Mata, 4 464 8726
" Rodríguez, D. –Méd. Ricardos, 186 471 0227
" Rodríguez, D. S. –Gral. R. Bazart, 69 208 3290
" Rodríguez, E. –Av. Mediterráneo, 42 251 0817
" Rodríguez, E. Bº Moratalaz, Pol. G–801 439 3407
Pérez Rodríguez, E. C. Los Angeles, Bl. 62 217 5781
Pérez Rodríguez, E. Eduardo Morales, 5 204 5271
Pérez Rodríguez, E. –Escalona, D–5 711 3642
" Rodríguez, E. –Hospital, 14 468 4777
" Rodríguez, E. –J. Cadalso, 40 218 9615
" Rodríguez, E. –Manola y Rosario, 1 797 7308
" Rodríguez, E. –Maqueda, 3 218 1606
" Rodríguez, E. –Pl. Coimbra, 9 269 8810
" Rodríguez, E. –Puerto de Almansa, 1 478 2715
" Rodríguez, E. –San Bernardo, 69 221 5102
" Rodríguez, E. –Uruguay, 23 250 4977
" Rodríguez, E. –Ag. Com. Alcatraz, 16 260 4358
" Rodríguez, E. –Ag. Com. Eusebio Morán, 11 460 6700
Pérez Rodríguez, E. –Ag. Com. Eusebio Morán, 11 469 7268
Pérez Rodríguez, E. –Matrona, Escalona, 107 218 8295
Pérez Rodríguez, E. –Repres. Eusebio Morán, 5 269 7013
Pérez Rodríguez, F. –A. Toledano, 24 255 1504
" Rodríguez, F. –Alvarez Abellán, 29 472 8706
" Rodríguez, F. –Ave María, 20 230 7857
" Rodríguez, F. –Bº Salvador, Bl. 2 754 2613
" Rodríguez, F. –Gral. Yagüe, 17 270 7197
" Rodríguez, F. –Gutierre Cetina, 55 267 0814
" Rodríguez, F. –J. O. y Gasset, 48 276 9242
" Rodríguez, F. –L. Rompedizo, 24 208 9870
" Rodríguez, F. –La Orden, 15 234 0224
" Rodríguez, F. –López de Hoyos, 363 200 0651
" Rodríguez, F. –Mayólicas, 4 206 3098
" Rodríguez, F. –Monroy, 38 208 2372
" Rodríguez, F. –Montejurra, 5 Tel. 2697. Marque el 256 9900
Pérez Rodríguez, F. –Peñafiel, 42 472 2036
" Rodríguez, F. –Reina Mercedes, 12 253 3212
" Rodríguez, F. –San Bernardino, 7 248 1367
" Rodríguez, F. Santa Cruz Marcenado, 5 248 9378
Pérez Rodríguez, F. –Viriato, 35 223 2161
" Rodríguez, F. –Yecla, 7 754 1217
" Rodríguez, F. –Café, Av. América, 14 246 6344
" Rodríguez, F. –Hostal, Cervantes, 34 239 0064
" Rodríguez, F. –Médico, Maldonado, 44 226 3352
Pérez Rodríguez, F. –Muebles, Piña, 4 208 5520
" Rodríguez, F. –Pens. Infante, 4 231 6280
" Rodríguez, F. –Piedr. Artif. C. García, 4 216 1133
Pérez Rodríguez, F. –Repres. A. Sánchez, 11 471 4010
Pérez Rodríguez, F. –Repres.

Pérez Rodríguez, J. –Av. Bruselas, 72 256 8616
" Rodríguez, J. –Avemaría, 45 227 3410
" Rodríguez, J. Cdad. Los Angeles, Bl. 91 217 2237
Pérez Rodríguez, J. –Cdad. Pegaso, 5 205 1324
" Rodríguez, J. –Ciudad Real, 22 227 1082
" Rodríguez, J. –Condes Barcelona, 8 269 2603
" Rodríguez, J. –Dr. Blanco Soler, 12 218 6241
" Rodríguez, J. –Embajadores, 129 228 1718
" Rodríguez, J. –Grrez. Solana, 8 261 3385
" Rodríguez, J. –H. Puertas, 35 463 3972
" Rodríguez, J. –José Luis Arrese, 35 246 2557
" Rodríguez, J. –Lazaga, 3 279 2739
" Rodríguez, J. Pbdo. Dirig. Canillas, Bl. 15 200 0570
Pérez Rodríguez, J. Pobl. Dirig. , Bl. 11 734 0291
Pérez Rodríguez, J. –R. Finat, 83 208 2060
" Rodríguez, J. –R. S. Alonso, 6 273 2549
" Rodríguez, J. –Severino Aznar, 3 463 8749
" Rodríguez, J. –Valmojado, 135 711 3168
" Rodríguez, J. –Victor Pradera, 89 243 9733
" Rodríguez, J. –Ag. Com. Fernando El Católico, 449 4835
Pérez Rodríguez, J. –Electrod. S. Barcaiztegui, 29 252 2020
Pérez Rodríguez, J. –Perfum. Artesa Segre, s/n 216 6503
Pérez Rodríguez, J. A. –Colombia, 33 457 5797
" Rodríguez, J. A. –H. Eslava, 61 243 6722
" Rodriguez, J. A. –Oftalmol. Pl. Cristo Rey, 1 449 7902
Pérez Rodríguez, J. F. Fuente Lima, 33 711 7364
Pérez Rodríguez, J. J. –Ancora, 31 467 8441
" Rodríguez, J. M. Alc. López Casero, 13–Bis 246 2011
Pérez Rodríguez, J. M. Caídos División Azul, 1 458 0932
Pérez Rodríguez, J. M. Camino Silvano, 12 759 3907
Pérez Rodríguez, J. M. Cuevas Bajas, 3 217 9527
Pérez Rodríguez, J. M. Gral. Franco, 58 208 1412
Pérez Rodríguez, J. M. –Palencia, 4 253 2830
" Rodríguez, J. M. –Repres. Lérida, 9 234 9674
" Rodríguez, L. –Bañeza, 31 201 3573
" Rodríguez, L. –Col. Lucentum, 4 217 8148
" Rodríguez, L. –J. García Morato, 134 253 3665
" Rodríguez, L. –Juan Navarro, 24 478 0239
" Rodríguez, L. –V. de los Reyes, 24 245 1325
" Rodríguez, L. –Víctor Pradera, 57 247 3892
Pérez Rodríguez, L. –Electromecánica, – Alcalá, 91 275 9704
Pérez Rodríguez, L. –Poll. Alegría, 10 472 2037
" Rodríguez, L. –Tall. Mec. Villaamil, 18 253 0192
Pérez Rodríguez, L. –Tall. Mec. Villaamil, 181 459 5007
Pérez Rodríguez, L. –Taller de Electricidad, – Cenicientos, 11 270 2035
Pérez Rodríguez, L. J. –Montesa, 18 401 2680
" Rodríguez, M. –Alcalá, 221 246 1671
" Rodríguez, M. –Alcaravan, 5 472 0213
" Rodríguez, M. –Aramis, 26 463 6838
" Rodríguez, M. –Av. Abrantes, 66 269 6600
" Rodríguez, M. –B. Unificación, 10 472 0388
" Rodríguez, M. –Barcarrota, 205 5062
" Rodríguez, M. –Bravo Murillo, 221 270 0183
" Rodríguez, M. –Burjasot, 4 797 4090
" Rodríguez, M. –Castillo Piñeiro, 6 253 4881
" Rodríguez, M. Cgdor. J. de Pasamontes, 33 439 5697
Pérez Rodríguez, M. Ctra. Monte Boadilla, 9 218 7358
Pérez Rodríguez, M. Doctor Gómez Ulla, 2 255 2716
Pérez Rodríguez, M. Don Ramón de la Cruz, 99 401 8148
Pérez Rodríguez, M. –Elfo, 9 256 5717
" Rodríguez, M. –Eusebio Morán, 7 460 4220
" Rodríguez, M. –Fernán González, 72 273 8973
" Rodríguez, M. –Génova, 7 419 3891
" Rodríguez, M. Huerta Castañeda, 38 464 5046
Pérez Rodríguez, M. –Jaén, 28 254 6506
" Rodríguez, M. José Ortega Gasset, 41 276 1123
Pérez Rodríguez, M. –Lanuza, 3 255 2460
" Rodríguez, M. –Lanuza, 3 256 1668
" Rodríguez, M. –Luchana, 17 257 0796
" Rodríguez, M. –Mallorca, 4 228 5464
" Rodríguez, M. –Mateo García, 23 408 7505
" Rodríguez, M. –Pº Habana, 48 259 9945
" Rodríguez, M. –Pº Marconi, 39 797 4271
" Rodríguez, M. –Pericles, 32 463 9646
" Rodríguez, M. –Pez, 28 221 2664
" Rodríguez, M. –Plomada, 5 206 4399
" Rodríguez, M. –Quero, 61 218 4144
" Rodríguez, M. –Rocafort, 43 797 6426
" Rodríguez, M. –Toledo, 62 265 6021
" Rodríguez, M. –V. Rodríguez, 2 248 0674
" Rodríguez, M. –Ag. Com. Eusebio Morán, 7 460 4516
Pérez Rodríguez, M. –Agª Repart. D. F. Núñez, 2 227 6840
Pérez Rodríguez, M. –Agª Repart. D. F. Núñez, 2 227 9536

Pérez Rodríguez, M. –Papelería, Marqués de Cubas, 12 232 8342
Pérez Rodríguez, M. –Pensión, Mesón Paredes, 5 239 8831
Pérez Rodríguez, M. –Repr. Padre Damián, 14 250 0080
Pérez Rodríguez, M. –Transp. Elipa, 5 245 5062
Pérez Rodríguez, M. –Transportes, – Rda. Segovia, 27 266 1491
Pérez Rodríguez, M. –Vulcaniz. J. M. Castro, 4 254 5616
Pérez Rodríguez, M. –Vulcaniz. R. Victoria, 19 253 6050
Pérez Rodríguez, M. D. Conde Romanones, 5 227 5115
Pérez Rodríguez, M. E. Humilladero, 11 266 1806
Pérez Rodríguez, M. J. Claudio Coello, 116 262 9434
Pérez Rodríguez, M. J. Los Mesejo, 11 433 2641
Pérez Rodríguez, M. L. –A. Leyva, 15 369 0101
" Rodríguez, M. L. –F. Ríos, 62 243 4129
" Rodríguez, M. O. –Canarias, 28 467 2357
" Rodríguez, M. S. –Peña Prieta, 56 251 3856
" Rodríguez, M. T. Juan Pérez Zúñiga, 29 267 2409
Pérez Rodríguez, N. –Carazo, Bl. 1 218 1819
" Rodríguez, N. Mauricio Legendre, 38 215 8389
Pérez Rodríguez, N. –Valderrey, 17 216 6206
" Rodríguez, O. Av. Cnal. Herrera Oria, Bl. 509 201 9511
Pérez Rodríguez, P. –Bravo Murillo, 84 234 1724
" Rodríguez, P. –Col. Sardinero, Bl. 15 777 2380
" Rodríguez, P. –Fernández Hoz, 58 254 6421
" Rodríguez, P. –M. Arteaga, 24 472 2781
" Rodríguez, P. –Montesa, 35 401 9353
" Rodríguez, P. –N. de la Mata, 23 208 6165
" Rodríguez, P. Pl. Carlos Cambronero, 4 232 2925
Pérez Rodríguez, P. –Méd. Gta. Cuatro Caminos, 4 234 9336
Pérez Rodríguez, P. –Médico, Vallehermoso, 97 233 4534
Pérez Rodríguez, P. –Transp. Lorenzana, 9 459 5841
Pérez Rodríguez, P. A. Sánchez Díaz, 27 754 2357
Pérez Rodríguez, Q. M. de los Heros, 4 247 5270
Pérez Rodríguez, R. Av. Barranquilla, 11 200 9399
Pérez Rodríguez, R. –Berlín, 6 245 2076
" Rodríguez, R. –Miguel Moya, 6 222 8847
" Rodríguez, R. –Parque Colina, 1 416 1233
" Rodríguez, R. Soldado J. María Rey, 6 471 5204
Pérez Rodríguez, R. –Farmac. Av. C. Villalba, 19 200 8702
Pérez Rodríguez, R. –Médico, Av. Donostiarra, 245 2185
Pérez Rodríguez, R. –Repres. García Paredes, 15 257 7857
Pérez Rodríguez, S. Av. Mediterráneo, 47 433 4797
Pérez Rodríguez, S. Conde Peñalver, 32 401 0510
Pérez Rodríguez, S. –Deportistas, 30 206 0728
" Rodríguez, S. Pl. Conde Valle Suchil, 19 257 4770
Pérez Rodríguez, S. –Sedaño, 7 218 8226
" Rodríguez, T. Av. Generalísimo, 147 215 7905
Pérez Rodríguez, T. Lola Membrives, 14 472 5972
Pérez Rodríguez, T. –Ult. Gral. Ricardos, 20 471 1309
Pérez Rodríguez, U. –Molino Piens. Castillo de Ucles, 12 204 9999
Pérez Rodríguez, V. –Armengot, 3 471 5873
" Rodríguez, V. –G. Hornero, 2 469 9968
" Rodríguez, V. –Sahara, 87 217 0012
" Rodríguez, V. –Acad. Corte, Pº Delicias, 37 239 6252
Pérez Rodríguez, V. A. Pbdo. Dirig. Orcasitas, 211 4890
Pérez Rodríguez, Vda. de Hermosilla, 3 225 2334
Pérez–Rodríguez Villamil, E. M. Legendre, 23 215 4619
Pérez Rojano, C. –S. Hermenegildo, 15 241 0951
" Rojas, A. –Artajona, 3 459 0546
" Rojas, A. –Sandi, 14 203 5718
" Rojas, B. –Castrogeriz, 5 Tel. 1158. Marque el 472 1100
Pérez de Rojas, C. Av. Generalísimo, 37 279 7353
Pérez Rojas, E. –Benimamet, 567 797 5671
" Rojas, F. –H. García Noblejas, 40 267 0700
" Rojas, F. –Tall. Joy. Timoteo Domingo, 1 407 2494
Pérez Rojas, G. –D. R. Cruz, 79 276 3675
" Rojas, I. –Antonio Toledano, 9 246 7300
" Rojas, J. –Abog. Av. Menéndez Pelayo, 83 251 9062
Pérez Rojas, J. L. –Av. Hellín, 51 206 2987
" Rojas, J. L. –Tall. Mec. Tracia, 9 204 0133
" Rojas, P. –R. S. Alonso, 14 273 0250
" Rojas, P. –Bodega, M. de Paredes, 11 230 3255

Pérez–Roldán y Rojas, J. A. – Abogado, Goya, 121 401 6181
Pérez Roldán Ruiz de Acevedo, J. M. Dr. Fourquet, 20 239 5494
Pérez Román, A. –Av. R. Finat, 43 711 3373
" Román, A. –Abog. Av. Bonn, 23 255 1410
" Román, C. –Alcántara, 29 401 2257
" Román, C. –Las Mercedes, 23 270 0643
" Román, E. –Virgen de las Nieves, 2 256 9651
" Román, G. –Ptor. Artist. Calatrava, 27 266 2887
Pérez Román, I. –Sedano, 9 218 4967
" Román, S. –B. Gobernador, 20 255 7108
" Román, S. –Confec. Av. Donostiarra, 14 246 0288
Pérez Romanillos, H. Pje. Mar de Kara, 1 200 4932
Pérez Romanillos, M. Av. Presidente Carmona, 3 270 9713
Pérez Romera, A. –Ancora, 22 467 7595
" Romera, F. –Pl. Getafe, 6 416 1183
" Romera, J. –Marroquina, 11 439 2703
" Romera, L. –Drácena, 12 259 1328
" Romero, A. –Aguilar del Río, 2 208 8156
" Romero, A. Gumersindo Azcárate, 21 260 7863
Pérez Romero, A. –Pl. Carballo, 12 201 5737
" Romero, A. –S. Dávila, 18 255 0385
" Romero, C. –Av. Rafael Finat, 93 208 2356
" Romero, C. –San Elías, 1 260 6929
" Romero, D. –C. Castañar, 159 734 6573
" Romero, D. –García Luna, 22 415 8899
Pérez Romero, E. –Tarragona, 11 { 467 4868 / 230 9504
Pérez Romero, F. –Alonso Cano, 25 223 9277
" Romero, F. –Amparo, 88 467 1716
" Romero, F. –Leiria, 8 269 3337
" Romero, F. Manuel Lamela Cedrón, 16 471 9423
Pérez Romero, F. –San M. Porres, s/n 216 8615
" Romero, F. –Ing. Industr. Av. Bruselas, 61 256 3822
Pérez Romero, J. –Cdsa. Vega Pozo, 9 206 9376
" Romero, J. –Comandante Zorita, 42 254 2985
" Romero, J. –Oliva Plasencia, 13 208 4742
" Romero, J. –Médico, Fernández Ríos, 95 449 3106
Pérez Romero, M. –José Calvo, 1 459 4943
" Romero, M. –Londres, 49 255 6992
" Romero, M. C. –Alcalá, 325 256 3502
" Romero, M. J. –Av. Buenos Aires, 53 777 6256
" Romero, S. –Av. Bruselas, 36 255 4651
" Romero, S. –Barniz. Portal, 80 204 4911
" Romero, Vda. de –F. Rodríguez, 78 459 1215
" Romo, E. –C. Asensio, 3 243 0072
" Romo, J. –Primavera, 8 227 3406
" Romo, L. –Gral. Mola, 217 458 1522
" Ronzón, M. I. –Marroquina, 71 439 6991
" Ropero, G. –Modista, Méjico, 15 256 0944
" Ropero, V. –San Raimundo, 53 459 4731
" Ros, A. –José Ortega y Gasset, 90 401 6674
" Ros, A. –Pl. Cancillería, 7 241 9979
" Ros, A. A. –Sambara, 18 256 0651
" Rosa, F. –Peluq. Caball. Laguna, 11 230 0150
" de la Rosa, M. –P. del Rey, 27 200 8981
" Rosado, A. –Reloj. Cm. Vº Leganés, 170 472 5113
Pérez Rosado, F. –Eban. G. Quintanilla, 16 204 1803
Pérez Rosado, J. L. –Agramunt, 1 205 5551
" Rosado, M. L. –Doroteo Laborde, 4 797 9675
" del Rosal, A. Pbdo. Dir. Orcasitas, 26 211 3559
Pérez Rosales, M. –Alcaraván, 14 471 6654
" Rosales, P. –Pl. Tauste, 30 471 1581
" Rosas, J. –Gral. Prim, 23 216 6169
" Rosco, F. –Sta. María Cabeza, 111 260 1812
" Rosell, L. –Pº Chopera, 17 467 6325
" Rosell, V. –Alcalá, 176 255 4532
" Rosende, S. –Guamo, 2 759 3748
" Rosillo, J. J. –Gral. Romero Basart, 2 208 9192
" Rosillo, Vda. de Guzmán el Bueno, 35 243 6115
Pérez Roya, M. –Vinos, M. Biencinto, 21 478 1053
" Royo, D. –Rosa Silva, 3 279 4759
" Royo, D. –Merc. J. Llorente, 2 270 0026
" Royo, F. –Av. Portugal, 137 463 2763
" Royo, P. –Valle Inclán, 39 208 9690
" Royo, R. –Alc. S. Baranda, 23 273 9646
" Roza, T. –Gaviotas, 4 472 9342
" Ruano, E. –Col. Euskalduna, Bl. 410 217 3756
" Ruano, J. –Urquiza, 9 267 8274
" Ruano, J. –Frutos Secos, Benita López, 12 798 2844
Pérez Rubal, M. A. –Encajes, Olivar, 43 228 6918
" Ruballaba, M. D –Acebo, 59 259 1451
" Rubert, J. –Galileo, 11 449 2734
" Rubí, R. –Azcoitia, 23 208 6484
Pérez–Rubín y Arroniz, P. Jacometrezo, 13 248 3897
Pérez de Rubín y Elder, C. Amaniel, 30 231 2518
Pérez Rubín Ibáñez, M. Cochabamba, 5 259 7375
Pérez Rubiño, L. –Arr. Pililias, 14 Tel. 1130. Marque el 252 7200
Pérez Rubiños, E. –Cordillera Cuera, 8 478 3218
" Rubio, A. –Azuaga, 46 459 3996
" Rubio, A. –Calle K, s/n 204 6698
" Rubio, A. –Hinojosa Duque, 67 206 9606
" Rubio, A. –Peña Prieta, 31 251 2242

Pérez Rubio, F. –Pº Delicias, 88 239 7818
" Rubio, F. –Conf. Huertas, 12 239 1523
" Rubio, H. –Encomienda Palacios, 19 773 5492
" Rubio, H. –Galicia, 4 711 7302
" Rubio, I. –Av. Moratalaz, 188 773 2725
" Rubio, I. –Quintana, 23 247 2243
" Rubio, J. –Bravo Murillo, 331 279 2975
" Rubio, J. –Diana, 13
Tel. 1157. Marque el 407 4100
Pérez Rubio, J. –Enrique Velasco, 14 477 1352
" Rubio, J. –Tucán, 1 460 0393
" Rubio, J. –Urgel, 30 472 2393
" Rubio, J. –Tall. Mec. S. Romualdo, 2 *204 7211
" Rubio, J. –Tall. Mec. San Romualdo, 2 204 3343
" Rubio, M. –Av. Generalísimo, 69 279 6322
" Rubio, M. –Pl. S. Corazón Jesús, 1 261 6191
" Rubio, M. –Pensión,
Magdalena Díez, 6 270 9098
Pérez Rubio, R. –Cam. Laguna, 84 460 1457
" Rubio, R. –D. Cortés, 15 224 9745
" Rubio, S. –Pbdo. Orcasitas, Bl. 7 211 4677
Pérez–Rubio Torremocha, H.
Av. Manzanares, 96 269 2989
Pérez Rueda, F. –Campomanes, 10 247 1273
" Rueda, J. –Constancia, 15 415 9320
" Rueda, J. –Pº Sta. María Cabeza, 85 468 2496
" de Rueda, J. L. –Médico, Galileo, 25 449 2065
" Rueda, L. –Narciso Serra, 5 252 5874
" Ruedas, J. –Agustín Durán, 21 256 0935
" Rufilanchas, A. –Mqs. de Leis, 11 279 5334
" Ruiz, A. –Alberto Aguilera, 68 244 0412
" Ruiz, A. –Aníbal Sevilla, 11 777 5861
" Ruiz, A. –Carballino, 3 218 9585
" Ruiz, A. –Conde Vistahermosa, 33 460 6169
" Ruiz, A. –Elfo, 28
Tel. 2942. Marque el 245 7100
Pérez Ruiz, A. –Eustaquio Rodríguez, 1 233 3611
" Ruiz, A. –Gabasti, 3 407 5436
" Ruiz, A. –Ing. Teleg. Ibiza, 22 273 4067
" Ruiz, A. Mª –Mq. Corbera, 28 246 8521
" Ruiz, B. –H. Pavones, 13 439 5437
" Ruiz, C. –E. Palacios, 139 773 1831
" Ruiz, C. –Enferm. Sta. Irene, 3 255 7665
" Ruiz, C. –Lech. T. Esteban, 8 477 1533
" Ruiz, D. –Azcoitia, 34 208 1415
" Ruiz, D. –Carlos Martín Alvarez, 30 477 4067
" Ruíz, D. –Cgdor. J. Bobadilla, 19 773 4251
" Ruiz, D. –D. Cortés, 44 243 5103
" Ruiz, E. –Apodaca, 20 257 0577
" Ruiz, E. –Elipa, 25 246 2119
" Ruiz, E. –Pje. R. de Chavela, 4 261 9671
" Ruiz, E. –Valderribas, 16 251 8759
" Ruiz, E. –Dibuj. Pl. Roma, 15 255 3688
" Ruiz, F. –Aquilino Domínguez, 24 234 7849
" Ruiz, F. –Belianes, 7 759 6187
" Ruiz, F. –Goya, 72 225 6734
" Ruiz, F. –Isabelita Usera, 46 260 3175
" Ruiz, F. –Tutor, 18 248 6468
" Ruiz, F. –Botellas, Martí, 4 401 0130
" Ruiz, F. –Tall. Mec. Pilarica, 37 269 8474
" Ruiz, F. –Taxis. Av. R. Victoria, 5 254 0253
" Ruiz, G. –D. Barranco, 9 269 2978
" Ruiz, G. –Ferroviarios, 40 269 4264
" Ruiz, G. –San Telesforo, 9 754 1590
" Ruiz, G. –Villagarcía, 19 464 6315
" Ruiz, H. –Ilustración, 10 241 2140
" Ruiz, I. –Moncada, 11 797 5774
" Ruiz, J. –Andrés Mellado, 29–Trip. 244 5262
" Ruiz, J. –Av. B. Aires, 12 203 7782
" Ruiz, J. –Av. Generalísimo, 134 215 6186
" Ruiz, J. –Col. San Cristóbal, 15 215 1574
" Ruiz, J. –D. Montesinos, 19 259 2550
" Ruiz, J. –Duque Sesto, 11 226 7641
Pérez Ruiz, J. –Edificio España, –248 8301
" Ruiz, J. –F. Caro, 46 407 5016
" Ruiz, J. –Gaztambide, 56 244 3901
" Ruiz, J. –M. de la Vera, 5 208 7165
" Ruiz, J. –Música, 4 206 9619
" Ruiz, J. –Pº Reina Cristina, 38 251 1333
" Ruiz, J. –Padilla, 20 276 4573
" Ruiz, J. –Pbdo. Dirig. Orcasitas, Bl. 48 211 3350
" Ruiz, J. –Pl. Cimbra, 11 269 7718
" Ruiz, J. –Pl. J. A. Suances, 1 204 6977
" Ruiz, J. –Pl. Lavapiés, 6 230 6051
" Ruiz, J. –Santa Susana, 40 759 1285
" Ruiz, J. –Armas, Mayor, 39 266 4715
" Ruiz, J. –Arte Reg. Obj.
Juan R. Jiménez, 14 458 2039
Pérez Ruiz, J. –Crist. Dr. Fleming, 41 259 4565
" Ruiz, J. –Méd. Stma. Trinidad, 28 224 0208
" Ruiz, J. –Perfumería,
Gral. Ricardos, 152 472 7920
Pérez Ruiz, J. –Pint. Barnices,
Palma Alta, 45 221 5782
Pérez Ruiz, J. –Transp.
Sierra Carbonera, 22 477 2844
Pérez Ruiz, J. F. –Gonzalo Córdoba, 20 224 7903
" Ruiz, J. L. –Santa Felicidad, 10 245 3275
" Ruiz, J. P. –Sta. Rosa, 3 433 2244
" Ruiz, L. –Camarena, 267 218 5192
" Ruiz L. –[illegible]ellido, 34 478 6138

Pérez Ruiz, V. J. –Marroquina, 71
Tel. 1651. Marque el 252 7400
Pérez Ruiz, Vda. de
Andrés Mellado, 72 243 9238
Pérez Ruiz de Adana, M.
Pº Sta. M. Cabeza, 118 269 3429
Pérez Ruiz de Adana, R.
Bravo Murillo, 164 233 9788
Pérez Ruiz de Adana, R. –Topete, 33 253 3120
" Ruiz Olalde, M. J.
Arturo Soria, 328 202 4420
Pérez Ruiz de Torres, J. M.
Bº Salvador, s/n 204 9410 / 204 9409
Pérez Rumbao, A. –Oficinas,
Caños del Peral, 2 248 5429
Pérez Rus, B. –Ocaña, 70 460 3715
" Rute, P. –Pº Extremadura, 224 464 7575
Pérez S. Román, F.
Salas Barbadillo, 70 407 4096
Pérez Sábado, M. P.
Serrano Anguita, 13 223 4459
Pérez Sabat, M. –Capitán Haya, 74 270 5091
" Sabin, A. –Av. R. Finat, 40 711 2065
" Saborid, M. –Don Quijote, 1 233 9780
" Sacedo, A. –Av. Palomeras, 30 777 1534
" Sacristán, A. –San Marcos, 8 232 6075
" Sacristán, F.
Bº Moratalaz, Pol. F–449 439 0202
Pérez Sacristán, J. –Clara Rey, 20 416 7409
" Sacristan, J. M. –Pbdo. Dirigido, 233 734 0987
" Sacristán, M. –Embajadores, 97 230 9093
" Sacristán, V. –Valmojado, 165 218 8684
" Sadaba, V. –Profesor Waksman, 5 457 2765
" Sáenz, A. –F. de los Ríos, 31 223 8675
" Sáenz, A. –San Bernardo, 66 221 9705
" Sáenz, D. F. –Hielo, Montamarta, 7 206 2335
" Sáenz, F. –V. Rodríguez, 13 241 4752
" Sáenz, J. –Fábrica Hielo,
Mcdo. de la Paz, 276 1225
Pérez Sáenz, R. –Pbdo. Orcasitas, Bl. 34 211 2224
" Sáenz, R. –Zurbano, 58 410 1493
" Sáenz, S. –Toledo, 119 266 0527
" Sáenz, T. –Pº Ermita del Santo, 35 266 7919
" Sáenz de Miera, M. –Escosura, 7 224 6381
" Sáenz Ugarte, Vda. de
Amnistía, 10 248 3312
Pérez Sáez, A. –Hermanos Miralles, 9 226 6325
" Sáez, B. –C. de Elda, 4 245 3701
" Saez, G. –Portal, 52 754 0335
" Sáez, I. –Mcdo. Torrijos, 12 225 8804
" Sáez, J. –Cdad. de los Angeles, Bl. 43 217 0683
" Sáez, J. –Glª Gral. A. Castro, 1 223 9494
" Sáez, J. –M. de Vargas, 18 227 5807
" Sáez, J. –Mármoles, Peña Ubiña, 24 477 8647
" Sáez, J. J. –Marqués de Urquijo, 16 248 0957
" Sáez, M. C. –Cardenal Silíceo, 37 416 4148
" Sáez, P. –Gral. Mola, 26 276 4467
" Sáez, R. –J. Pascual, 25 267 7400
" Sáez, R. –Mtro. Alonso, 13 246 4326
" Sáez, S. –Batalla Belchite, 18 228 6332
" Sagredo, E. –Maudes, 60 253 4931
" Salnero, E. –Aut. F. del Río, 33 246 7519
" Sáinz, A. –Brocado, 11 206 0155
" Sáinz, F. –Sierra Ministra, 5 477 5502
" Sáinz, L. –Montesa, 3 276 7584
" Sáinz, M. –Dr. F. Rubio y Galí, 97 459 8489
" Sáinz, M. –Pbdo. Almendrales, Bl. 17 260 2767
" Sáinz, M. –Comest. Mateo López, 25 273 5211
" Sáinz de la Maza, B.
Andrés Mellado, 108 254 9554
Pérez Sáinz Pardo, M.
Av. Gral. Perón, 16 253 3751
Pérez Sáiz, A. –Cº Vinateros, 95 439 4926
" Saiz, A. –Economista, Sarriá, 56 201 4113
" Sáiz, J. A. –Hermosilla, 69 276 9591
" Saiz, M. –Dr. Esquerdo, 41 274 5860
" Sáiz, M. –Ponzano, 6 257 8725
" de la Sala, C. –San Bernardo, 13 247 2189
" Sala, M. –Albañilería,
Av. Gral. Fanjul, 26 711 6102
Pérez Sala y G., S. en C.
Aguacate, 11 –228 8687
Pérez Sala y G., S. R. C. –Mad.
San Bernardo, 56 221 9909
Pérez–Sala Pérez–Sala, J. L.
Pez Austral, 4 274 7435
Pérez Salamanca, D.
Hermanos del Moral, 4 472 5366
Pérez Salamanca, J. –Viriato, 11 224 3124
" Salan, E. –Compraventa, Montoya, 7 215 2437
" Salas, A. –Albañil, Cañaveral, 10 215 7409
" Salas, L. F.
Correg. Juan Bobadilla, 43 773 4856
Pérez Salas, M.
Pbdo. Almendrales, Bl. 24 260 2576
Pérez Salas García, J. –Gravina, 21 222 6872
Pérez Salas Moneo, M.
Pº M. Cristina, 36 251 4515
Pérez Salazar, A. –Fundadores, 29 256 6354
" Salazar, L. –Constr. A. González, 9 245 2653
" Salazar, M. –Mqsa. Silvela, 5 260 3544

Pérez–Salobre Nieto, J.
Av. Pío XII, 71 202 3924
Pérez del Salto, A. –Julio Antonio, 6 471 0264
" del Salto, J. Mª –A. López, 118 269 7163
" Salvador, A. –S. Moreno, 12 245 2894
" Salvador, F. –Fdez. de los Ríos, 32 257 1002
" Salvador, J. –Chile, 24 458 6234
" Salvador, J. –Ntra. Sra. Begoña, 38 255 0815
" Salvador, J. L. –Pl. Mártires, 5 734 4247
" Salvador, S.
Col. Ntra. Sra. Piedad, C–A 203 5962
Pérez Salvadores, V. –Lucientes, 11 265 0063
" Sama, J. –Arroyo Media Legua, 29 439 0173
" Sama, J. –Abogado, G. de Córdoba, 15 257 0725
" Sampedro, E. –Cdad. Pegaso, 205 1264
" Sampedro, M. –Pº Ermita Santo, 51 266 8016
" de San Anselmo, F. –Sarria, 10 201 0013
" de San Anselmo, J.
Col. Ntra. Sra. Angeles, Bl. 22 203 1867
Pérez San Anselmo, J. –Confecc.
Martínez Riva, 52 478 2726
Pérez San Anselmo, T. –Confecc.
Puerto Arlabán, 8 477 7192 / 478 3738
Pérez San Eufrasio, M. –Frut. Sec.
Pintor Rafael de Avila, 87 203 7035
Pérez San José, A. –Barniz.
Ribadavia, 43 201 5928
Pérez San José, C. –Federico Mayo, 7 463 2332
" San José, C. –Pl. P. Eijo Garay, s/n 463 4497
" San José, E. –Tembleque, 94 711 5304
" San José, E. –Carnicería,
Melchor Fdez. Almagro, 118 201 4500
Pérez San José, F. –Pl. Valvanera, 6 415 7668
" San José, M. –Algodonales, 3 279 1989
" San José, M. –Pº Acacias, 13 339 7951
" San José, N. –Av. Daroca, 311 206 7953
" San José, V. –Llanes, 16 204 8610
" San Juan, E. –Nicolás Usera, 108 260 8737
" San Martín, E. –Albañil, Almazán, 9 464 2815
" San Miguel, F. –Palma, 21 222 4303
" San Miguel, J. –Los Cármenes, s/n 472 3833
" San Miguel, J. –Rguez. San Pedro, 66 244 4867
" San Miguel, L. –Centenera, 28 267 6004
" San Miguel, M. –Ctra. Bascones, 35 215 1434
" San Miguel, P. –Nador, Bl. 51 215 4832
" San Nicolás, A. –Alcalá, 281 246 1906
" San Nicolás, M. D. –Ledesma, 48 407 2961
" San Nicolás, M. D. –Peluq. Sras.
Elfo, 27 245 7059
Pérez San Pedro, E. –Felipe Fraile, 3 477 4324
" San Román, J. A.
Ptό Morcuera, 32 777 0703
Pérez San Román, M. –Constancia, 31 416 1970
Pérez de San Román Medinabeitia,
J. –San Bernardo, 104 224 1472
Pérez Sanabria, G. –Pens.
Esparteros, 10 222 8702
Pérez Sanabria, S. –Constr.
Mqsa. Argueso, 36 260 5229
Pérez Sánchez, A. –A. Vallejo, 15 279 9737
" Sánchez, A. –Aguacate, 26 208 3512
" Sánchez, A. –Aguilón, 3 467 6073
" Sánchez, A. –Aguja, 14 206 7296
" Sánchez, A. –Alconera, 28 206 9377
" Sánchez, A. –Alegría Oria, 6 204 9153
" Sánchez, A. –Av. Nazaret, 8 274 6636
" Sánchez, A.
Bº Moratalaz, Pol. H–615 439 2130
Pérez Sánchez, A. –Bañeza, 14 201 4647
" Sánchez, A. –C. J. Ramón, 3 260 9929
" Sánchez, A. –Cañada, 40 773 3164
" Sánchez, A. –Codella, 56 797 5358
" Sánchez, A. –Chucurí, 6 759 4018
" Sánchez, A. –Donoso Cortés, 18 449 2795
" Sánchez, A. –Guarnicioneros, 2 206 2263
" Sánchez, A. –Ibor, 10 777 5489
" Sánchez, A.
Joaquín García Morato, 113 257 1762
Pérez Sánchez, A. –Madera, 9 231 9662
" Sánchez, A. –Martín Soler, 2 230 6261
" Sánchez, A. –Morenes Arteaga, 17 469 1196
" Sánchez, A. –N. Usera, 49 260 0438
" Sánchez, A. –S. Dávila, 25 245 6050
" Sánchez, A. –Salamanca, 4 270 7376
" Sánchez, A. –V. Fuencisla, 9 256 5032
" Sánchez, A. –Ag. Com.
Encomienda Palacios, 3 773 5384
Pérez Sánchez, A. D.
C. Juan de Bobadilla, 38 773 4854
Pérez Sánchez, A. D. –Casq.
Mcdo. Ibiza, Pto. 32 273 2606
Pérez Sánchez, B. –Av. Palomeras, 124 203 4701
" Sánchez, B. –Carril del Conde, 122 200 8104
" Sánchez, B. –Cdes. Torreanaz, 41 273 3542
" Sánchez, B. –Cnal. Cisneros, 77 224 1663
" Sánchez, B. –L. de Hoyos, 180 415 4927
" Sánchez, B. –Pº Dirección, 7 459 3357
" Sánchez, C. –A. de la Viña, 10 205 2294
" Sánchez, C. –Av. Manzanares, 62 260 6753
" Sánchez, C. –Cordillera de Cuera, 18 477 9546
" Sánchez, C. –Choco, 2 759 2852

Pérez Sánchez, F. –Cdad. del Pino, Bl. D 216 2015
" Sánchez, F. –Guabairo, 18 460 2678
" Sánchez, F. –Higueras, 5 464 4692
" Sánchez, F. –Joaquín Mª López, 20 254 9689
" Sánchez, F. –López de Hoyos, 407 200 3761
" Sánchez, F. –Marquesa de Silvela, 4 269 1702
" Sánchez, F. –N. Serra, 12 251 7395
" Sánchez, F.
R. Fernández Villaverde, 29 234 6241
Pérez Sánchez, F. –Santa Prisca, 10 255 5369
" Sánchez, F. –Toledo, 45 365 0276
" Sánchez, F. –Vital Aza, 30 407 4519
" Sánchez, F. –Ag. Com.
F. González, 67 273 9076
Pérez Sánchez, F. –Bar,
Pl. Virgen del Romero, 3 256 0049
Pérez Sánchez, F. –Plantas,
Claudio Coello, 14 226 5541
Pérez Sánchez, G. –Alvarez Abellán, 30 472 9868
" Sánchez, G. –Av. Abrantes, 90 469 2751
" Sánchez, G. –Gral. Mola, 285 259 8490
" Sánchez, H. –Entre Arroyos, 33 439 4595
" Sánchez, I. –Galileo, 72 449 7792
" Sánchez, I. –J. el Conquistador, 227 8743
" Sánchez, I. –Víctor Pradera, 6 241 2633
" Sánchez, I. –Tall. Automov.
Hnos. Gómez, 14 246 1189
Pérez Sánchez, J. –A. de Hita, 8 244 0263
" Sánchez, J. –Arauca, 1 200 7254
" Sánchez, J. –Av. Gral. Perón, 18 254 2968
" Sánchez, J. –Ayamonte, 4 460 3434
" Sánchez, J. –Boecillo, 23 759 0227
" Sánchez, J.
Cadete Julio Llampart, 35 472 9106
Pérez Sánchez, J. –Donoso Cortés, 20 449 6649
" Sánchez, J. –F. Rodríguez, 14 234 1528
" Sánchez, J. –Gral. Yagüe, 17 270 7923
" Sánchez, J. –Hnos. G. Noblejas, 38 267 8363
" Sánchez, J.
Mcdo. Guzmán el Bueno, Cjón. 9 244 1272
Pérez Sánchez, J. –Orense, 14 458 8394
" Sánchez, J. –Pº Sta. M. Cabeza, 114 260 3789
" Sánchez, J. –Pº Sta. M. Cabeza, 128 260 6589
" Sánchez, J. –Palos Frontera, 32 239 7690
" Sánchez, J. –Pizarro, 22 221 6778
" Sánchez, J. –Pl. Setubal, 14 369 0710
" Sánchez, J. –Ponzano, 89 253 6098
" Sánchez, J. –Rib. Manzanares, 93 241 0547
" Sánchez, J. –Rodríguez Marín, 61 259 9243
" Sánchez, J. –San Mariano, 3 205 1937
" Sánchez, J. –Santa Casilda, 6 265 1783
" Sánchez, J. –Stma. Trinidad, 24 223 6970
" Sánchez, J. –Vallehermoso, 79 253 3770
" Sánchez, J. –Vizconde de los Asilos, 7 754 2730
" Sánchez, J. –Abogado,
Av. de los Toreros, 53 255 5014
Pérez Sánchez, J. –Prof. Enseñ.
Batalla Salado, 38 230 3561
Pérez Sánchez, J. –Rep. Autom.
Hnos. Gómez, 14 408 3652
Pérez Sánchez, J. –Tall. Mec.
A. Saint Aubin, 8 230 4467
Pérez Sánchez, J. A.
Mesón de Paredes, 31 467 0835
Pérez Sánchez, J. B. –Orense, 49 270 2748
" Sánchez, J. J. –A. Vicent, 13 469 6386
" Sánchez, J. J. –M. Gordoa, 6 227 2640
" Sánchez, J. J. –P. Cejo, 65 478 8987
" Sánchez, J. J. –P. Consejos, 11 241 8475
" Sánchez, J. J. –Sófora, 20 279 5196
" Sánchez, J. L. –Av. Palomeras, 150 777 0186
" Sánchez, J. L. –López de Hoyos, 476 759 3796
" Sánchez, J. L. –M. de Guzmán, 57 254 6272
" Sánchez, J. L. –Ag. Com. Olite, 48 459 6526
" Sánchez, J. M. –Gral. Lacy, 4 239 5027
" Sánchez, J. M. –Gral. Moscardó, 20 234 1594
" Sánchez, J. M. –Isla de Arosa, 25 216 5024
" Sánchez, J. M. –San Dacio, 12 734 5542
" Sánchez, J. M. –Vía Carpetana, 103 472 6814
" Sánchez, J. R. –Vital Aza, 26 408 8199
" Sánchez, L. –Arroyo Olivar, 13 477 3386
" Sánchez, L. –Av. Aviación, 67 208 3312
" Sánchez, L. –Barco, 38 231 7275
" Sánchez, L.
Corregidor Sr. de la Elipa, 8 439 8651
Pérez Sánchez, L. –Fernán González, 53 273 4796
" Sánchez, L. –Pº Alberto Palacios, 37 797 6522
" Sánchez, L. –Pbdo. Entrevías, s/n 777 0846
" Sánchez, L.
Peña Gudiña 3 (Vallecas) 203 0398
Pérez Sánchez, L. –Rodrigo Uhagón, 17 469 7151
" Sánchez, L. –Tauro, 4 407 0602
" Sánchez, M. –Av. Habana, 70 259 6693
" Sánchez, M.
Av. R. Fdez. Villaverde, 37 253 9611
Pérez Sánchez, M. –Bostón, 14 256 1866
" Sánchez, M. –Cáceres, 4 228 0404
" Sánchez, M. –Cam. de la Laguna, 201 228 9611
" Sánchez, M. –Canarias, 16 467 1866
" Sánchez, M. –Cordovín, 9 208 8530
" Sánchez, M. –Ebanistería, 3 206 1326
" Sánchez, M. –Gral. Barrón 15 472 7404

*J. B. Cambell (jr.)*

# la CRUZADA MÁGICA

# CONTRASTE de PARECERES

¿QUE TAL LO HE HECHO?
TE HA QUEDADO MUY PROPIO, PERO OCURRE QUE AÚN NO HEMOS EMPEZADO
¡OH, CIELOS!
ESO, AHORA INVOCA

¿UNA DE RING, DON JOSÉ?
NO, QUE HOY VUELVE A BOXEAR EL BIZCO

OYE, MACHO; A VER QUÉ FINTAS HACES, QUE SE ESTÁ EMPEZANDO A MOSQUEAR EL PERSONAL
PERO BUENO, A VER SI ME ACLARO YO: ¿NO ERA ÉL EL QUE TENÍA QUE TIRARSE?
PUES NO
PUES QUÉ BIEN
¡OCHO... NUEVE... Y...!

CREAME QUE LO LAMENTO, PERO EN ESTE BANCO NO TIENE CUENTA CORRIENTE NINGUNA "RITA LA CANTAORA" ... Y ADEMÁS ESTE CHEQUE ESTÁ ESCRITO EN UN TROZO DE PERIÓDICO
ES QUE ME DIJO QUE SE LE HABÍAN ACABADO LOS PETÉN
YA
SE LOS JURO

... Y SOBRE TODO MUCHO CÜIDADO CON SU FABULOSO JUEGO DE PIERNAS
YA VEO, YA

SUPONGO QUE NO SERÁS TAN COBARDE DE GOLPEAR A UNA HUMILDE LAGARTERANA
TÚ Y TUS FAUSTAS TRIQUIÑUELAS
Forges

ESTE CONTINUA CON LA BERZA
Y LO QUE LE QUEDA

NO ME PEGES MUY FUERTE, QUE ESTOY EMBARAZADO
TÚ Y TUS VIEJOS TRUCOS

ESTO ES UN FOLLÓN: TIENES TRES BRAZOS
NO SEÑOR: CUATRO
MÁS A MI FAVOR

PARA SEVILLA MARCHABA
UN BATALLÓN DE PINTORES...

¿NO PODRÍA YO TENER UN SPARRING EN CONDICIONES? PREGUNTO
PUES ES DE ARANJUEZ
YA

PUES NADA, A VER SI QUEDAMOS UNA TARDE DE ESTAS Y TOMAMOS UNAS COPAS
TE LLAMO
VALE

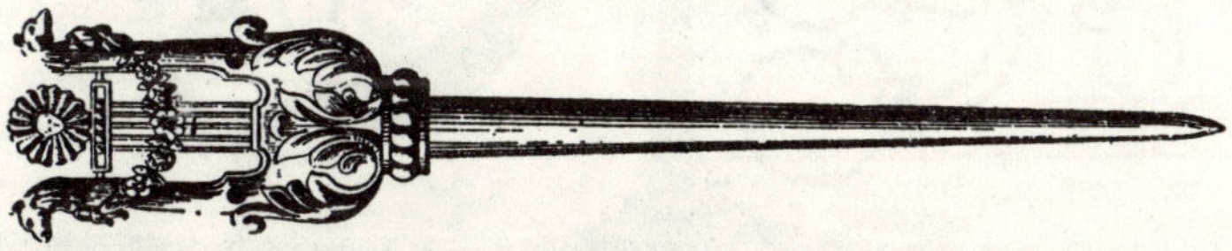

**Atelete que sirve como remate y adorno de platos fríos.**

# AÑOS HA....

¡BARCO A LA VISTA!
¿PIRATA?
DESDE LUEGO ESTÁ TODO LLENO DE PRECIOS
PUES ENTONCES SÍ
Forges

MUCHO ME TEMO QUE ES EL COBRADOR DE LA LUZ
PERO SI NO HAY LUZ
DE ALGUNA FORMA TIENE QUE VIVIR
ESO SÍ

SEÑORITO: SI QUIERE LLAMO AL 091
PUES NO TE DIRÍA YO QUE NO

AYER HABÍA UNA MANADA DE MAMUTS EN EL ARROYO, ME ACERCO ASTUTAMENTE Y LE ATIZO UN GARROTAZO; NO VEAS LA QUE SE ARMÓ: RESULTA QUE AL QUE GOLPEE ERA EL ENLACE SINDICAL
JOPELINES
¿COMO PREFIERES LA PIEDRA FRITA O PASADA POR AGUA?
COMO QUIERAS Dª VARIEDAD
POR AHÍ VIENEN LOS GARCÍA
HAZTE EL LOCO
BUENAS TARDES; SOY EL HECHICERO DEL SEGURO
A BUENAS HORAS, MANGAS VERDES
OIGA; NO EMPECEMOS QUE ME HAN DADO EL AVISO ESTA MAÑANA
PUES YO LLAMÉ EL MES PASADO
Y DALE
FORGES

DESEA SER RECIBIDO UN MENSAJERO DE ANIBAL, ESCIPIÓN
YA EMPEZAMOS
Forges

CLEOPATRA; QUE DICE EL ASPID QUE TE LO DEJA EN DOSCIENTASMIL
BUENO, PERO DARÁ REGALOS PUNTO...
PUES NO SE HA MANIFESTADO A TAL RESPECTIVE

MI CHICO
YA

MACHO, TU SERAS EL GRANJEFE, PERO PARECES LA CELIA GÁMEZ
gorgo

AL LLEGAR A MANUEL BECERRA GIRAS POR FRANCISCO SILVELA
VALE
ESTÁ HOY ESTO COMO NUNCA

TENGO EL BRAZO DE FIGURAR TRASPUESTO
ET MOI

ME HAN DICHO QUE LES DIGA QUE LES ESPERAN EN LAS NAVAS DE TOLOSA
DE NADA, A MANDAR

HAN LLAMADO DE PALACIO: QUE MAÑANA TE TOCA LLEVARLE EL BOTIJO AL RICHELIEU
CAQUE

YA ESTÁ "BOCA ROSA" HACIENDOSE ILUSIONES CON LA DIADEMA DEL TESORO
PUES VA DE COSTADO
NO EXACTAMENTE

PAPÁ ¿CUANDO YO SEA MAYOR PODRÉ ECHAR EL BOFE DETRÁS DEL DIPLODOCUS, COMO TÚ?
YES

VOS SOIS CYRANO DE BERGERAC
JOBAR, YA HASTA EMBOZADO LE RECONOCEN A UNO
MACHO; ES QUE CON ESE PICAPORTE FACIAL SE TE VE HASTA EN LONTANANZA
FORGES

HAZ COMO SI NO LO VIERAS, PERO YA ESTÁ EL PALIZA DE D'ARTAGNAN DANDO LA NOTA PENDENCIERA
JOPÉ

QUE DICE EL SULTAN QUE NECESITA UNA VOLUNTARIA PARA QUE LE ZURZA THE CALCETINES
HAREN
QUE VAYA SU TIA, LA SEÑA ZORAIDA
MEJOR YOUR MADRE
O SI NO EL CAID
TAMBIEN ALRITA ALCANTAORA

¡RINDETE, FLANAGHAN, TENEMOS AL CUÑADO DE LA MADRE DEL CAPATAZ DEL RANCHO DEL PADRE DE LA CHICA!
¡SOIS UNOS CHAPUZAS!
ES QUE IBAMOS A CAPTURAR A LA CHICA, PERO SE HA LIADO A SARTENAZOS Y NOS HA PUESTO DE VUELTA Y MEDIA
¡MANTAS!
SI OS LO HE DICHO YO QUE NO TRAGABA
CALLA YA, PROFETA
¿ME PUEDO IR YO?
SI, VAYASE
Forges

FABIO: AYER EN LA ORGÍA ME TRINCASTE LA CARTERA
MACHO; SI ESTABAS TROMPA Y LA PERDISTE A MI NO ME LIES

HA ESTADO AQUÍ SU CABALLO Y ME HA DICHO QUE LE DIGA QUE NO CUENTE HOY CON ÉL, QUE IBA AL TALLER DEL SEGURO PARA LO DEL FLECHAZO EN LA GRUPA, QUE POR LO VISTO EL OTRO DIA SE LO DEJARON MAL DE PINTURA
VAYA POR DIOS, PRECISAMENTE HOY QUE TENIA YO GALOPADA DE FARDE ANTE LA HIJA DEL DUEÑO DEL RANCHO
Forges

¡YO ROCK HUDSON!
NADA, NI PEÑAZO
FORGES

DICE EL CONDESTEIBOL QUE SI DEJAIS DE DAR EL COGNAZO, OS DÁ EL TELÉFONO DE UNAS HURIES QUE LES VÁ EL MATARILE
NO, NO; POR LA CARA
FORGES

# PÁGINA de RELLENO

1. — BUJARIA.

La Bujaria ocupa la parte central del Turquestán, está bañada por el Amu-Daria y el Zerafchan, y se compone de una alternativa de valles fértiles, de desiertos herbáceos que tienen muy buenos pastos, y de desiertos arenosos. La población más importante es *Bujara*, capital, gran población de 80.000 habitantes, tadjicks, uzbecks, afghanes y judíos; está situada sobre el Zerafchan ó Kohick en un país fértil y sano, y rodeada de una alta muralla. Bujara es el gran mercado del Asia central, y está en relaciones por medio de caravanas con Rusia, por Orks y Oremburgo; con la Siberia, por Omsk y Semipalatinsk; con la China, por Kachgar y Yarkanda; con la India, por Cachemira; con el Afghanistan, por Herat y Cabul, sobre todo por este último punto, que es por donde entran en el Turquestán las mercancías inglesas procedentes de la India, y con la Persia, por Mesched y Arterabad. Bujara recibe de Rusia telas, muselinas, nankin, indianas, paños, brocados, panas de algodón floreadas, hierros, cobre, armas de Tula, quincallería, cueros, papel, agujas y azúcar; de la India, índigo, algodón, azúcar, telas, muselinas, chales, brocados, turbantes, especias, cochinilla y tejidos ingleses; de Kachgar y Yarkanda, te; de la Persia, chales del Kerman y opio (para la China). Todas estas mercancías se consumen, en parte, en Bujaria, ó se reexportan. Bujara exporta seda á Cabul; lana fina al Penjad; pieles de cordero á Persia; seda, lana y algodón á Rusia. En esta población se fabrican sederías lisas y colchas; es un gran mercado de esclavos, donde se venden los prisioneros persas y rusos cogidos por los turcomanos.

La población de Bujaria parece ser de 2.000.000 de habitantes, y está gobernada por un *jan* que tiene un ejército de 20.000 caballos, 4.000 infantes y 40 piezas de artillería.

2. — JIVA.

Está bañada por Amu-Daria inferior, y situada al O. de la Bujaria y al S. del mar de Araf; en su parte central se encuentra el desierto de Jarisim. *Jiva*, capital, población de 10.000 habitantes, es un gran mercado de esclavos, y las demás poblaciones de alguna importancia son *Orghendj*, de 12.000 habitantes, y *Kunkrad*, cerca de la desembocadura del Amu-Daria.

La población se evalúa en 2.000.000 de habitantes, y está compuesta de uztecks, dueños del país, sarty ó tadjicks y turcomanos. Jiva está gobernada también por un jan que es vasallo de Rusia.

# EROTISMO FOR YOU

VENGO A PEDIR LA MANO DE SU HIJA
POR EL MISMO PRECIO SE PUEDE LLEVAR TAMBIEN A MI SEÑORA
NI HABLAR
ME LO TEMÍA

SEÑORITA ¿USTED ...TRALARÍ?

ORIGINAL Y MUSLO; DIGO "COPIA"
EJEM, POR CIERTO...

NO
NO
¡PUES TÚ TE LO PIERDES!
¡CRACK!
¡PAÍS!

¡PECADORA!
¡ESCANDALOSA!
¡SINVERGUENZA!
MACIZA

¡TOMA, PARA QUE APRENDAS!
Forges

ES TAL LA OLA DE EROTISMO QUE NOS INVADE QUE NO TENGO MÁS REMEDIO QUE LLAMAR A VICKY

HAGA EL FAVOR
DESALOJEN
¿QUÉ PASA AQUÍ?
¡O ME DEJAN EN PAZ O LLAMO A UN GUARDIA!
YO
SERVIDOR
VAMOS
DESPEJEN
CIRCULEN

SEÑORITA ¿ESTE ES UN BANCO DE SERVICIOS COMPLETOS?
SI SEÑOR
BUENO, PUES USTED SE VIENE CONMIGO A BIARRITZ ESTE PUENTE
TURURÚ

ANTONIO: ESTOY DE PARTO
PERO SI NO ESTAS EMBARAZADA
NO, PERO ES PARA INCORDIAR

POR ÚLTIMA VEZ MARIANO ¿QUIÉN ES ESTA MUJER? PREGUNTO
LOS HAY WHIT ROSTRO
Forges

TENGO QUE HABLAR SERIAMENTE CONTIGO, JOSEFINA

OYE, BATMAN ¿COMO SE DICE ZORRAHOMBRE EN SAJÓN?
FOXMAN
BUENO, PUES YO SOY FOXMAN
TÚ ACABAS MAL, JOSE MARIA
AGORERO

ESTOY PREOCUPADA... CREO QUE MI MARIDO ME ENGAÑA CON EL RAYO VALLECANO
EL MIO CON EL SABADELL

¿SE VIENE USTED DE CHUSMA?

MACHO; ECHAS UNA PESTE A AJO UNA COSA MALA

HA LLAMADO TU AMIGO GENARO: QUE ESTA NOCHE TENEIS QUE ACABAR EL BALANCE Y QUE DEPARTE DE VICKY QUE LE LLEVES EL MUSLO QUE LE AFANASTE EL MES PASADO, SÁTIRO
ESTE GENARO ESTÁ IDIOTA
COLOCADO SIMPLEMENTE

TODO EL DIA EN LA OFICINA Y AÚN TE TRAES TRABAJO A CASA
EL GOL

¡MACHO, QUÉ CARRERA LLEVAS!
¿CON QUIÉN HABLAS ANTONIO?
TÚ TE CALLAS, FOCA
forges

JOSE MARÍA: YA NO ME QUIERES COMO ANTES
...Y ADEMÁS TE CANTAN LOS PINRELES
VALE
LA TRAVIATTA
Forges

ME VAS A PERDONAR QUE ME PRIVE BREVEMENTE, PERO ES QUE HE ESTADO TODA LA NOCHE ESTUDIANDO
Forges

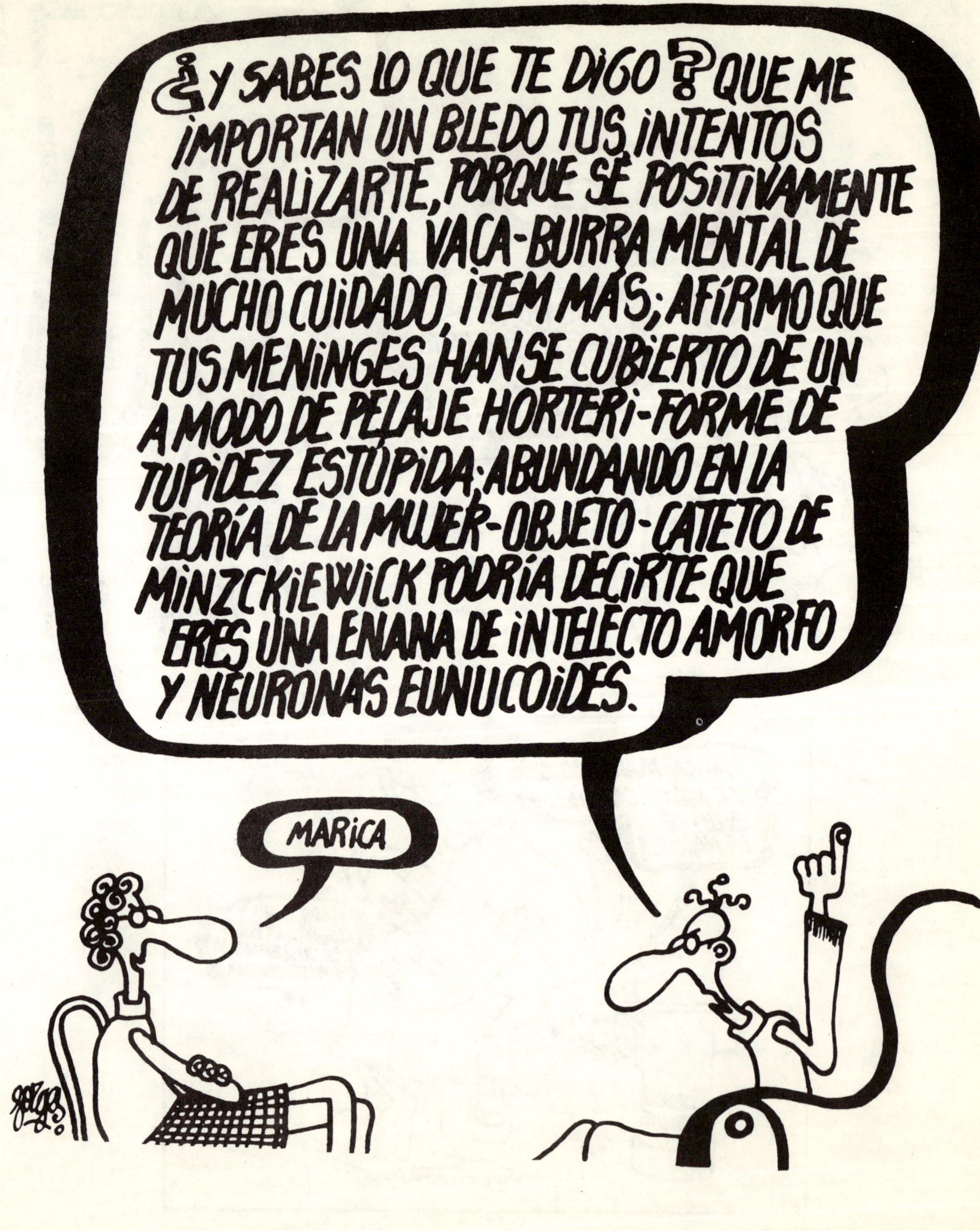
¿Y SABES LO QUE TE DIGO? QUE ME IMPORTAN UN BLEDO TUS INTENTOS DE REALIZARTE, PORQUE SÉ POSITIVAMENTE QUE ERES UNA VACA-BURRA MENTAL DE MUCHO CUIDADO, ÍTEM MÁS; AFÍRMO QUE TUS MENINGES HANSE CUBIERTO DE UN A MODO DE PELAJE HORTERI-FORME DE TUPIDEZ ESTÚPIDA; ABUNDANDO EN LA TEORÍA DE LA MUJER-OBJETO-CATETO DE MINZCKIEWICK PODRÍA DECIRTE QUE ERES UNA ENANA DE INTELECTO AMORFO Y NEURONAS EUNUCOIDES.
MARICA
Forges

¡AJÁ!
VAYA POR DIOS... HAS DESCUBIERTO MI SORPRESA DE SAN VALENTIN
Forges

¡PARA, MARIANO, QUE SE ME HA CAIDO EL SELLO DE LA NARIZ!
NADA, TU NO LLEGAS A LA BODA DE TU HERMANA NI DE BROMA

FUCÚSCURRU CORRANTI TOROLO MUSLAMEN, CHATI
GROSERO

TOMA; VETE A COMPRARME LA GOLEADA
NO CUELA, MACHO

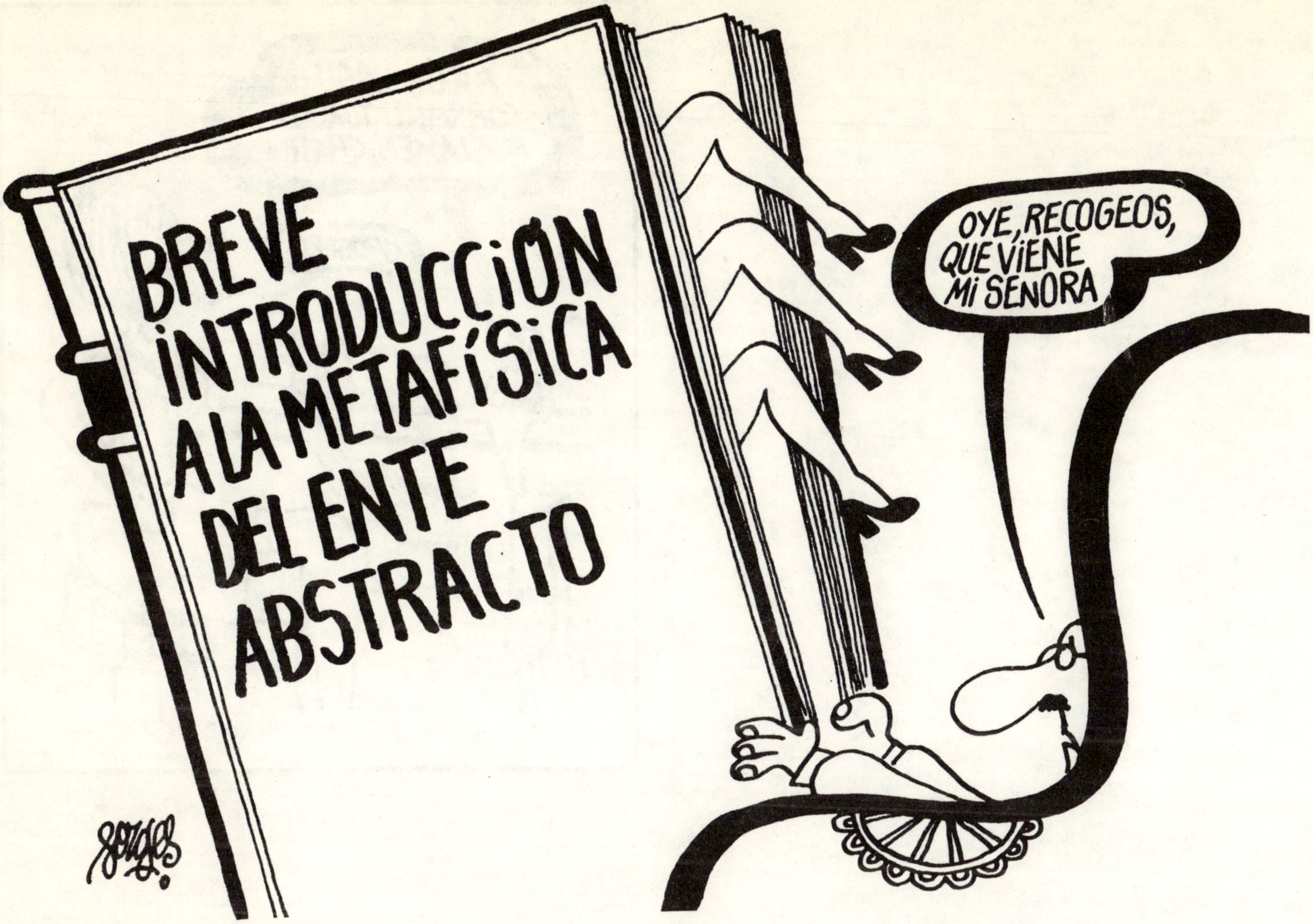
BREVE INTRODUCCIÓN A LA METAFÍSICA DEL ENTE ABSTRACTO
OYE, RECOGEOS, QUE VIENE MI SEÑORA

FÍJATE SI SERÁN ZORRAS LAS DE LA CIUDAD QUE TIENEN UNA COSA QUE SE LLAMA BUSTO
NO SÉ DÓNDE VAMOS A LLEGAR

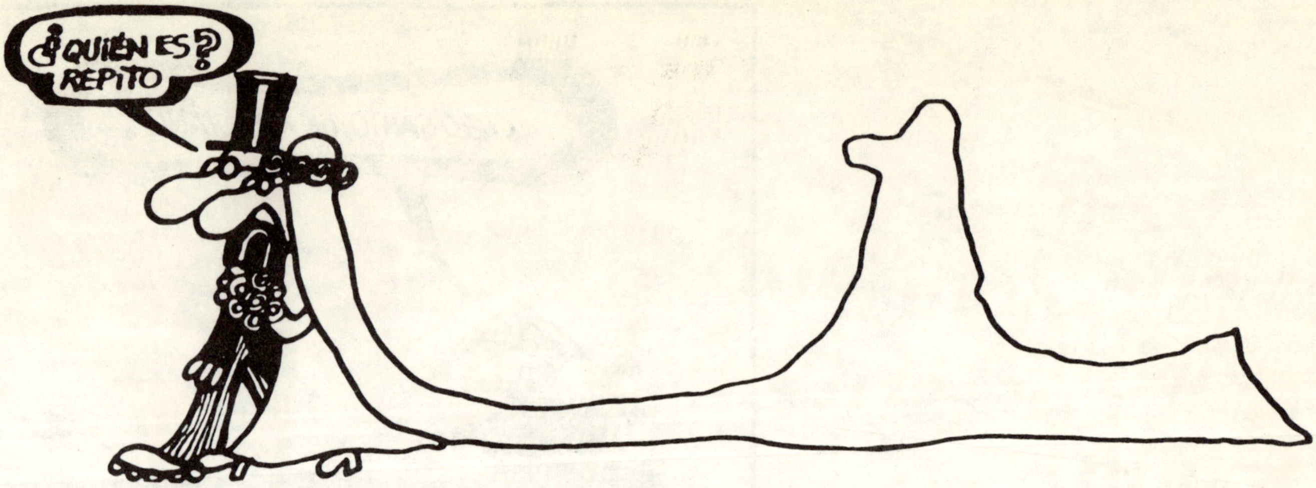
¿QUIÉN ES? REPITO

ANTONIO: ESTA MAÑANA ME HAN DICHO UN PIROPO POR LA CALLE
NO ME EXTRAÑA: SE HA ESCAPADO DEL ZOOLÓGICO EL ELEFANTE, QUE ES MUY RETRECHERO
Forges

¡ CIELO SANTO; UN MARCIANO !

VAN COMO VAN Y LUEGO
PASA LO QUE PASA
PASABA
BUENO PASABÁ
PUES ESO

PONGO EN SU CONOCIMIENTO QUE NO ME DA LA GANA DE COPIAR LOS FORMULARIOS
HACE USTED PERO QUE MUY BIEN
CHATI

¡ATENTA LA·COMPAÑIA...!

PONGO EN TU CONOCIMIENTO QUE SEGÚN MI HORÓSCOPO DE HOY, ME CORRESPONDE VIVIR UN APASIONADO E INOLVIDABLE IDILIO
MARIANO, DESPIERTA, QUE TE ESTOY HABLANDO

COMO PRESIDENTE DEL JURADO PONGO EN SU CONOCIMIENTO QUE HA SIDO ELIMINADA DE LA ELECCIÓN DE «MISS MACIZA», PERO AQUÍ TIENE MI VARONIL HOMBRO DONDE LLORAR SU DESCONSUELO
33, GANA 1-0 EL ATLETHIC DE BILBAO
JOPÉ, QUÉ CORTÉ

NO ERA ARROZ; ERAN CANTOS
TIENES UNOS AMIGOS DE LO MÁS SALADO

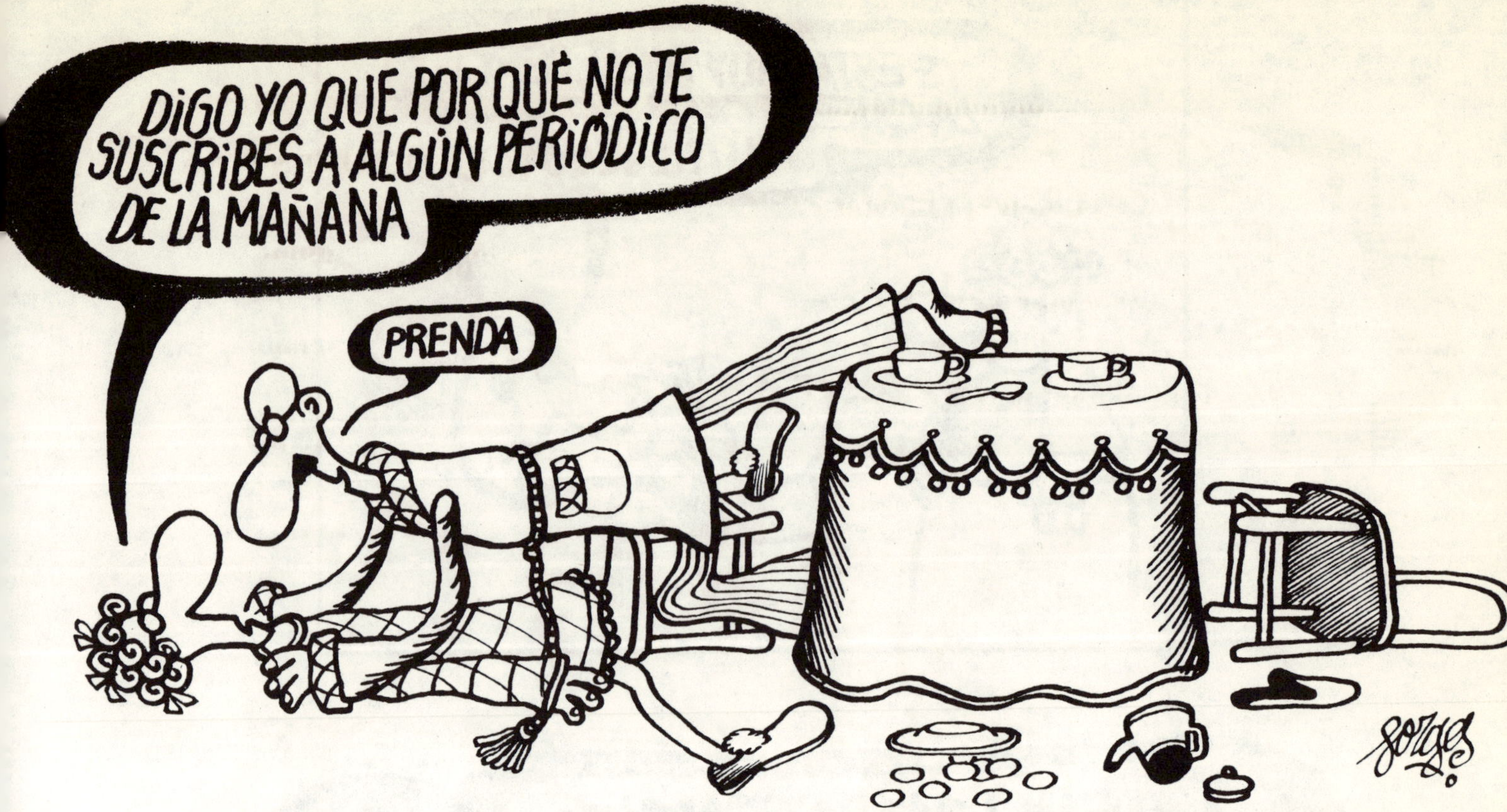
DIGO YO QUE POR QUÉ NO TE SUSCRIBES A ALGÚN PERIÓDICO DE LA MAÑANA
PRENDA

PUES NO SÉ DONDE HABÍA LEIDO YO QUE ERA A LA NOVIA, NO A SU MADRE
PUES NO

TE ESTÁ MUY BIEN, PERO LA QUE SE CASA ES TU HIJA

¡ATENCIÓN, ATENCIÓN LLAMANDO A MARIANO! MARIANO ¿QUÉ HACES?
PUES AQUÍ; CON LA MUTTI Y LA WELCH EN PLAN DESENFRENO ORGIÁSTICO, IMBÉCIL
CALVO ENORME
FOCOSA

# Grande e general Historia de la SILLA

Al comienzo de la humanidad el hombre fué expulsado del Eden, por pasarse de listo. Está confirmado que en el Paraiso había miles de sillas por doquier. Pero al ser arrojado del mismo el hombre se hunde en la ignorancia cuasi animalesca y dando tumbos llega a la Edad de Piedra en la cual tambien se ha olvidado, entre otras muchas cosas, de la silla; por lo que se cansaban la mar.

Pasan nuevas civilizaciones... y llegan los egipcios, que son los primeros que reinventan la silla en su modalidad de gestatoria. Pero producía gran deslome en los portadores, y además sólo la podía utilizar el faraón. Esta injusta desigualdad produjo la desaparición del último faraón, que fué arrojado al pilón con silla y todo, y el hundimiento del poderío egipcio en la noche de la Historia.

Los Griegos, bastante más demócratas, verticalizaron las barras de la silla gestatoria, dando lugar a las patas actuales. Los filósofos griegos dieron a la silla la importancia que merecía en el contexto vital del hombre (ESCOBAR: "PANTEDOMIO" 263, 292 y sig.). Alejandro Magno vivió en concubinato con varias sillas, prueba de la importancia que los Helenos dieron al agradecido mueble. La historia de Roma, proseguidora de la hegemonía helena, está fundada en que, según una leyenda, los constructores de Roma, Rómulo y Remo, abandonados por your mother en una de las 7 colinas sobre las que luego edificaron la ciudad Eterna, fueron amamantados por una silla.

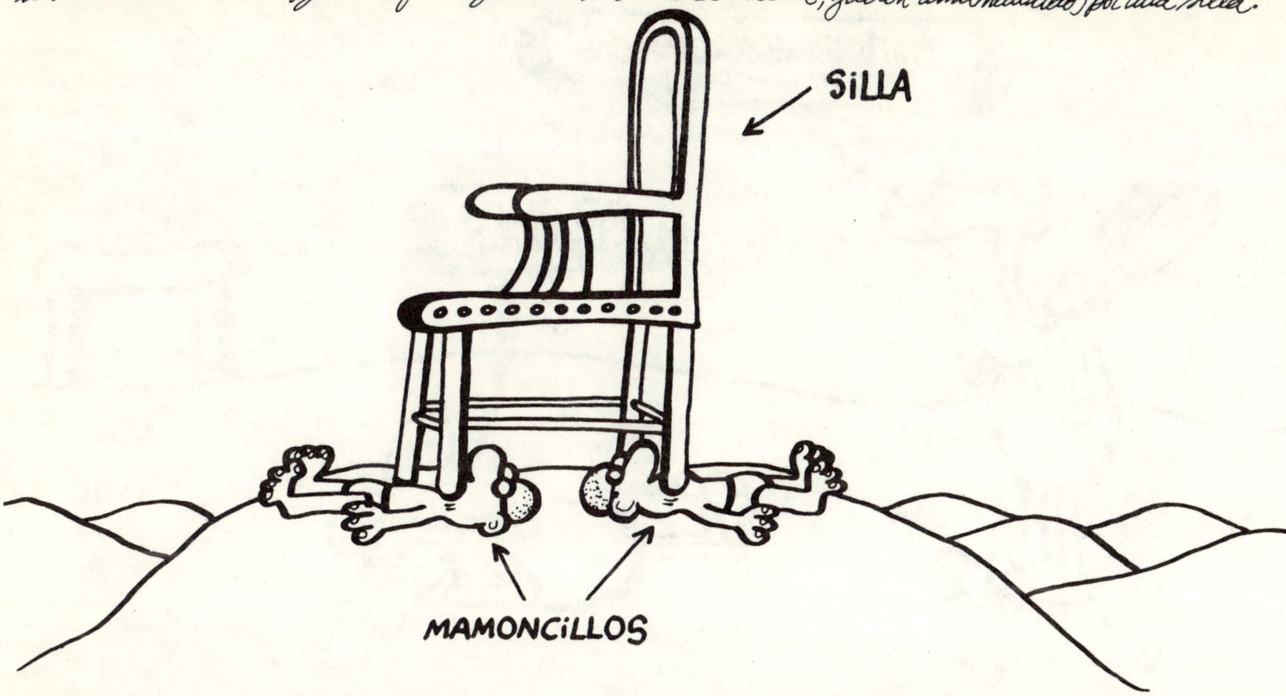


Transcurrió el lento derrumbarse del Imperio Romano a causa de que los Romanos se hicieron comodones y relajistas. En resumen, que en lugar de la cuasi ascética silla se dieron a la horizontal, por lo que inventaron el triclinio, do se desplomaban a verlas venir, en lugar de procurar mantener alta la llama del Imperio. Rodeados de bellas macizen girls, música, vino y siestas no vieron como los bárbaros irrumpían dentro de sus limes, límites, y se hacían los amos del cotarro. Como su propio nombre indica los bárbaros lo eran ciertamente, e inventaron la silla de una pata lo cual a la larga les produjo una cierta debilidad de la parte de la espalda, que sus sucesores medievos arrastraron y a causa de la misma se dejaron quitar el cetro del mundo a manos de los...

... arabes. Estos se hicieron en gran parte los amos de Europa, si no fisicamente, al menos intelectualmente y sometieron a vasallaje a todos los europeos. Eran un a modo de norteamericanos de ahora, pero en lugar de adorar a la C.I.A, adoraban a Alá. Tambien eran muchos más transigentes y tolerantes y dentro de sus dominios cada uno podía pensar como quisiera sin ser molestados por ellos. Pero tambien Cordoba tomo la cabeza conductora del Islam, de manos de Damasco, para perderla dispersa en los multiples reinos de Taifas. ¿Y la silla? Para dar una idea de la importancia de la silla, sólo diremos que el famoso Al-manzor, primero de la dinastía califal de los Mayordomos, famoso entre sus enemigos cristianos por su tambor que les hacia marcar el paso huyendo de sus razias, nunca tuvo tal instrumento musical. Era en realidad una silla, una humilde silla, la que fué terror de la cristiandad durante más de 20 años hasta Catalañazor, do fué perdida tontamente.

Casi apagada la amenaza de los árabes Occidente es entonces amenazado por Oriente merced a la gran inteligencia y ambiciosa astucia de GENGHIS-KAN, el verdadero inventor de la primitiva silla de montar a caballo. Pero no estaba totalmente inventada, ya que tras el caballo tenían que ir dos propios con una piel, a modo de bomberil lona, por si un aquel desplomativo nucal. Sea lo que fuere las grandes victorias de GENGHIS fueron debidas a que sus mongol-boys, vivían sobre sus caballos; y lo podían hacer gracias a las sillas, porque sino ya me contaran ustedes lo molesto que es estar todo el santo dia montado a pelo cabagliar.

Retirados los Kanes de Occidente por aburrimiento y arrojados definitivamente de Europa los granadinos arabes por los Kings Católicos, los Europeos comienzan a pelearse entre ellos durante varios siglos. En estas luchas, siglo y medio después de los sollozos Boabdílicos, el Rey Felipe II le moja la oreille a Paco I de Francia en la batalla de San Quintín. Para celebrallo ordena que se construya El Escorial. Para contemplar el desarrollo de las obras el austero austria manda que le tallen una silla de piedra en las alturas de Guadarrama, la famosa Silla de Felipe II, en la cual aún hoy puede usted sentarse si quiere, y es de natural sufrido.

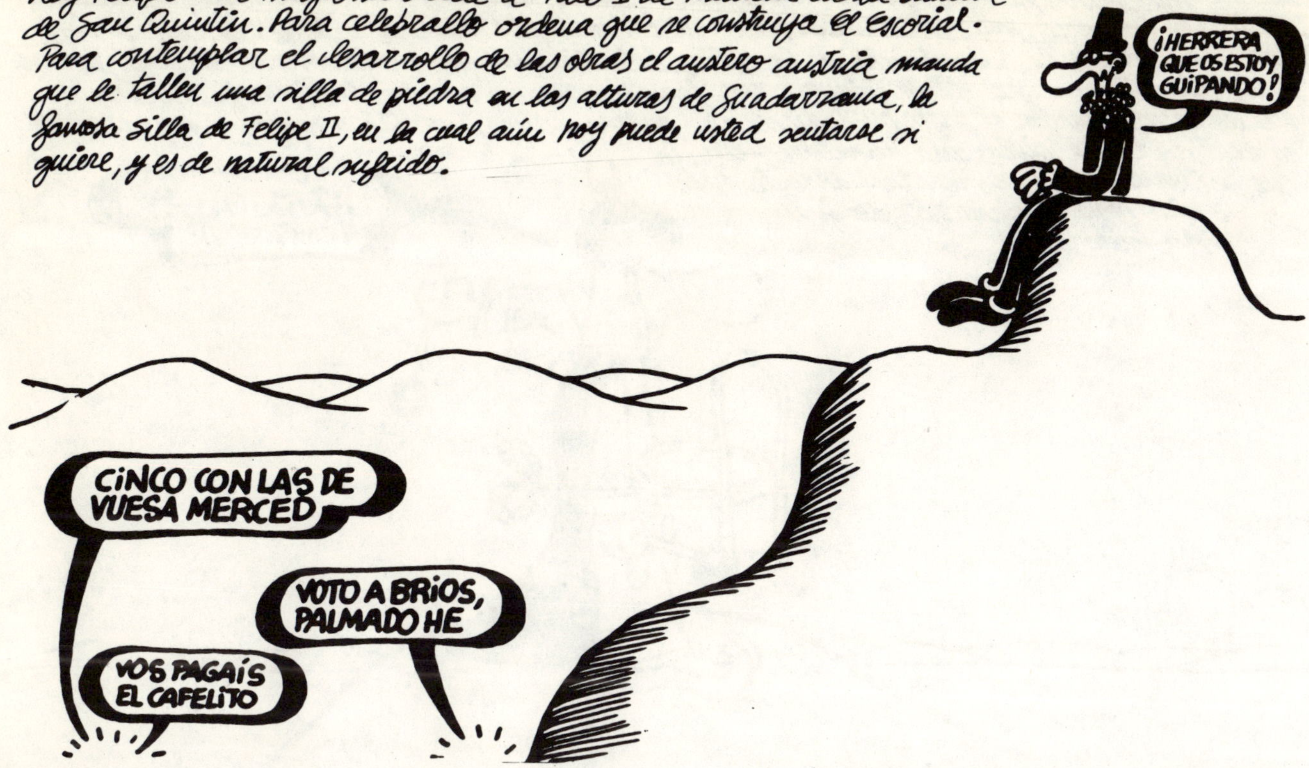


La hegemonía hispánico-europea desaparece en la batalla de Rocroi a manos francesas. Francia toma el mando europeo e implanta en todos los rincones del continente sus modos, gustos y maneras. La dinastía de los capetos, de natural obeso y celulítico, pasan gran parte de su vida sentados. Su gordura continuamente reposada sobre las sillas da lugar al arranque de las patas de tres principales formas, que luego se llamaron estilos Luis XIV, Luis XV y Luis XVI, y que dieron lugar a tres estilos de mobiliarios, perfectamente identificados con las gorduras de los tres monarcas.

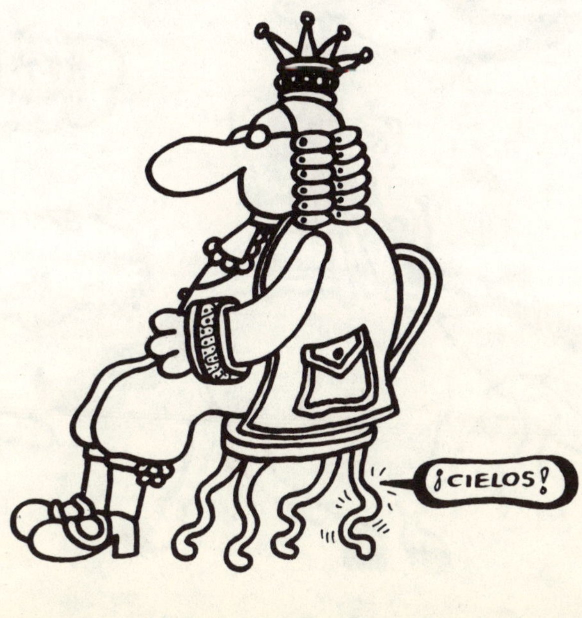

Descapetada la Francia por medio de la decapitadora guillotina nace junto a la libertad, igualdad y fraternidad la aureola de un corso que se hará dueño de la sufrida Europa: Napoleón. En sus conquistas-shows llega hasta Egipto; la pequeña historia dice que subiose a una pirámide y dijo: "Desde estas alturas veinte siglos nos contemplan" lo cual es cierto que lo dijo, pero no desde la cima de una pirámide, sino encaramado sobre una silla, debido a su terrible vértigo a las alturas.

Napoleón es derrotado sucesivamente hasta que lo destierran, vuelve, reina 100 jours más, pero finalmente vuelve a ser desterrado y casca en la isla de Santa Elena. En Europa nace la primera «bêlle epoque» como desahogo ante la desaparición del Corso Malo. Todas las naciones se dan a la diversión y crápula. En este país resurge con inusitado ímpetu la ancestral fiesta de toros, a los cuales se hace luchas con tigres, perros, leones... y toreros. En un enconado duelo toreril para lograr el anhelado «más difícil todavía» un torero, Antonio el de la Sorda entra a matar el 22 de Agosto de 1837 en Sevilla... sentado en una silla. El toro hace por la silla y el torero saliendo ambos dos por los aires. Al torero se le encuentra a los cuatro días en el Guadalquivir, bastante acatarrado por el remojón. De la silla nunca más se supo. De este hecho viene el conocido "El que fué a Sevilla, perdió su silla".

Finaliza el siglo XIX y comienza el XX. Los humanos empiezan a emplear la silla como arma contundente alrededor de las mesas de negociación. Y surgen las guerras a gran escala... Ruso-Japonesa, Europea, Abisinia, Mundial, Corea, Vietnam, Oriente Medio... hasta nuestros días. Pero no pasará mucho tiempo....

....hasta que el género humano nos demos cuenta de que no es nuestro destino el andar matándonos por doquier. Algún día un hombre, con el suficiente tiempo para pensar, hallará la fórmula mágica para que todos convivamos en este perro mundo. Y lo más seguro es que estará sentado en una silla, en humilde silla, compañera fiel de nuestros glúteos desde la nebulosa historica... Y entonces los hombres daremos al mueble más humilde toda la importancia que realmente tiene y que ahora no vemos, porque estamos ciegos de soberbia ¿comprenden?

# QUEMANDO OCTANOS

DESCIENDE TUS MORBIDECES DE ESTA MARAVILLOSA MÁQUINA, CONCHA; ESTO NO TIRA
COF... PUF... PAF... POF...

BUENOS DIAS; DESEARÍA ASEGURAR UN COCHE
¿SUYO O DE SU MUJER?
DE (SNIF) ELLA
900.000
JOPELINES

PUES YO EMPECÉ A IR A LA OFICINA EN BICICLETA PERO LO DEJÉ, PORQUE ME SALÍA CARÍSIMO
NO ME LO EXPLICO
ES QUE TODOS LOS DIAS AL ACABAR DE SUBIR LA CUESTA DE LA VEGA, LA ARRO-JABA POR EL VIADUCTO

SEÑOR, TENGO QUE ECHAR GASOLINA
ESTÁ BIEN, BAUTISTA: LLENE EL DEPOSITO Y DESPARRAME VARIOS LITROS

CUARENTA DUROS Y ES SUYO.
QUE NO, QUE YO CON UNO YA TENGO BASTANTE...
PERO FÍJESE EN QUE TIENE ESTE EL VOLANTE FORRADO DE PIEL DE LEOPARDO
PERO SI ES QUE YO...,
TREINTA DUROS, Y NO SE HABLE MÁS
CALLE..., SE OYE COMO UN A MODO DE CLAMOR... SE HA DEBIDO ABRIR EL SEMÁFORO
QUE NO, QUE VENGO YO POR AQUÍ TODOS LOS DÍAS... 20 DUROS
JOPÉ
UFÓN

¡JOPÉ, QUÉ DÍA ¡AHORA NO ME ENTRA LA TERCERA!

POR UN TRAFICO MEJOR PRENDA FUEGO A SU AUTOMÓVIL

HAY UN GUARDIA EN LA PUERTA, QUE VIENE A COBRAR UNA MULTA
¿DE CUANTO?
PUES NO SÉ, PERO DEBE SER DE MUCHO PORQUE VIENEN CON MARJORETTES
JÓ

ANTONIO: VOY AL CENTRO ¿TE IMPORTARÍA QUE LE PEGARA UNA PATADA AL COCHE, DADO QUE ME VOY EN METRO?
DALE DOS
MARCHANDO

TRAEME EL COSTURERO, QUE ESTO LO SOLUCIONO EN UN PERIQUETE
NO; SI LA TAPA DEL DELCO YA LA ZURCÍ YO AYER, PERO YA VÈS

DOCUMENTACIÓN
ME LA HE TRAGADO
6.000
JO

MARIANO: PONGO EN TU CONOCIMIENTO QUE EL ABUELO ME HA AFANADO EL ASPIRADOR Y ESTA HACIENDO TRIAL EN TU FASTUOSO DESPACHO
DILE QUE HA LLAMADO EL GENERAL PRIM, AFEANDOLE SU CONDUCTA
VOY

YO YA HE SOLUCIONADO EL PROBLEMA DEL TRANSPORTE: ME HE COMPRADO UNA MOTO DE 7 LITROS Y MEDIO
¿DE CILINDRADA?
NO, DE COÑAC PARA EL FRIO

¡MALDICION! ¡ES CASADO!
ES QUE TIENES UNAS FORMAS DE LIGAR...
Forges

¿LE HAS CAMBIADO EL ACEITE?
SÍ, HOMBRE; Y ADEMÁS LE HE PUESTO VINAGRE Y UNA PÍZCA DE SAL
LEY

¿TIENEN MASSERATIS DE PEDALES?
PUES NO, PERO LOS VAMOS A RECIBIR DE UN MOMENTO A OTRO
NO ME EXTRAÑA

PERO ¿COMO VOY A HABER APARCADO MAL CON ESTAS PIERNAS?
NO EMPIECE QUE YO SOY MUY MIO

POR FAVOR ¿NO LA PODRÍA DETENER?
LE RUEGO
Forges

# OTRA de CLAVO

## I

INDIO COMIDO INDIO IDO.

"No se dirá por mí, señor mío, el pan comido y la compañía deshecha." (Cerv. Quijote.)

En la Costa: Nicolás, ya comiste, ya te vas. (Sundheim.)

INTERES CUANTO VALÉS.

El amor y el interés,
salieron al campo un día;
pudo más el interés
que el amor que te tenía.

IRSE POR LANA Y VOLVER TRASQUILADO.

Los Kechuas: Millmanan riy, khusluskka kutimunápakk. (Lira.)

Los árabes: Vinimos a despojar las personas y volvimos desnudos. (M°ntet. 95.)

Las mulas fueron a buscar cuernos y volvieron sin orejas. (Foul. 23.)

"Pero quién le mete a vuesa merced, señor tío, en esas pendencias? No será mejor estarse pacífico en su casa y no irse por el mundo a buscar pan de trastrigo sin considerar que muchos van por lana y vuelven trasquilados?" (Cerv. Quijote. P. I. Cap. VII.)

# HOGAR ~~DULCE~~ casa HOGAR

DÁ GUSTO VOLVER AL DULCE HOGAR DESDE EL FRIO Y RUDO TRABAJO COTIDIANO Y SER RECIBIDO POR LA BELLA COMPAÑERA Y AMANTE QUE, ANHELANTE, VIGILA EXPECTANTE NUESTRO RETORNO
DEJA DE LARGAR CHORRADAS Y AFLÓJATE LA MOSCA EXTRAORDINARIA
TE JÍBAS, PORQUE AÚN NO LA HAN PAGADO
CALZONAZOS
TU PADRE

O ME DAS LA TARJETA DE COMPRA O ME QUEDO EMBARAZADA
JOBAR

ANTONIO: PONGO EN TU CONOCIMIENTO QUE LAS GOTERAS DEL SALÓN ESTAN INTERPRETANDO "EL SITIO DE ZARAGOZA"
ME LO TEMÍA
Y ADEMAS DESAFINAN

¿A QUE NO SABES QUE TE HE COMPRADO?
¡UNA CONCUBINA!
GROSERO

¡FIJATE LA NUEVA OFERTA DEL LIMPIADOR "THE MUGRE"; POR CADA DOS CUPONES UNA PATADA EN LA BOCA!
MARAVILLOSO REALMENTE

MIRE; QUE VENGO A PROTESTAR PORQUE EL PISO QUE ME HAN VENDIDO NO TIENE NI UN GRIFO
¿HOMBRE; EN UN PISO DE MILLON Y MEDIO NO VAMOS A PONERLO NOSOTROS TODO?
PERO YO CREI...
ESO LES PASA POR NO LEER LA LETRA PEQUEÑA DEL CONTRATO

SOY KUBALA: QUEDAS SELECCIONADO PARA CENAR DENTRO DE 1/2 HORA
NADA, NI CASO
AS

¿Y SI YO TE DIJERA QUE NO ES DEL CARBURADOR?
TU ANDA CON SARCASMOS QUE HOY ME ECHAN

EL PISO ESTÁ BIEN, PERO NOS FALTA UNA HABITACIÓN PARA CUANDO VENGA MI MADRE
¡LA PLAZA DE GARAJE!

COMO PRESIDENTE DE ESTA JUNTA DE NUESTRA COMUNIDAD DE VECINOS VOY A DAR LECTURA A...
¡FASCISTA!
NO TE ACALORES, TOMÁS QUE TE PIERDES
YA EMPEZAMOS
ES QUE ME PRIVA MOSQUEARLES, MACHO
YA; PERO LO DE LA PINTADA EN LA ESCALERA...
CHISSST
VENGA, NO EMPIECES MARIANO, QUE HAY QUE VOTAR LO DEL ASCENSOR A PEDALES
Y LO DEL ALICATADO SERIGRAFIADO EN LOS PICAFORTES
Y LO DE LA VULPES DEL 2º 1ª
QUÉ POR CIERTO ESTÁ MACIZA PLUS

YO PIDO LA PALABRA PARA PEDIR EXPLICACIONES A QUIEN CORRESPONDA SOBRE EL EMPLEO QUE SE HA DADO A LAS 17 PESETAS CON 26 CÉNTIMOS QUE SOBRARON DE LA REPARACIÓN DEL PORTAL, QUE SE ROMPIÓ CUANDO EL SEÑOR PRESIDENTE SE DIÓ DE FRONTALES CONTRA LA ARTÍSTICA CERRAJERÍA DE LA PUERTA. Y DIGO FRONTALES POR NO DECIR OTRA COSA, PORQUE ESTAMOS TODOS LOS VECINOS HARTOS DEL MANGONEO ECONÓMICO DE ESTA PRESIDENCIA, QUE LLEVA DOS SEMANAS DE GESTIÓN Y YA HAN CAMBIADO TRES VECES DE COCHE...
APROVECHANDO ESTA AMABLE REUNIÓN VOY A DELEITARLES CON LA LECTURA DE MI ÚLTIMA COMPOSICIÓN POÉTICA, DE MUY FINA Y CUIDADA MÉTRICA...
¡OH, SIELOS!
¿QUÉ TAL; YA SE HA APRENDIDO LA FOCA DE SU HIJA EL "ZAPATEADO" DE SARASATE? LO DIGO PARA COLGAR LA LÁMPARA
PUES A VER SI USTED LE COMPRA OTRO DISCO AL MARUSA DE SU HIJO, PORQUE NOS TIENE DEL PUÑETERO GATO QUE ESTÁ TRISTE Y AZUL HASTA LAS PARTES NOBLES
MUY BUENO, CASTELAR
YO SOY ASÍ
ALLÁ USTED
OIGA, A VER SI VIGILA A SU ABUELO, QUE AYER SE HA COMIDO LA ZONA VERDE ENTRE PAN
ESTO DE HACER LAS JUNTAS EN EL GARAJE NOS SALE A 750 POR BARBA DE GRÚA MUNICIPAL
YA HE VUELTO A LLEGAR TARDE
¡DI-MI-SIÓN!
NO QUIERO ASUSTARLE PERO SE HA BAJADO CON EL DELANTAL PUESTO
ES QUE LO TENEMOS A RÉGIMEN POR LO DEL RIÑÓN
Y USTED CON LA COFIA
TOMA YA, RADIO A TODO TRAPO
ESTÁ ESTO HOY DE LO MÁS ABURRIDO
CINCO, CON LAS TUYAS

LE LLAMAN POR TELÉFONO
¿QUÉ ME LLAMAN?
BEODO, SINVERGUENZA, MAL ESPOSO Y CALVO, CON PERDÓN
NO HAY DUDA: ES MI SRA

SEÑORA: HE INTENTADO HACER CROQUETAS CON LOS RESTOS DE LAS EMPANADILLAS DE LAS SOBRAS DE LA SOPA JULIANA DE LA PAELLA DE AÑO NUEVO, PERO EL AMASIJO NO SE HA DEJADO Y HA HUIDO
¿VE USTED COMO NO LA PUEDO DEJAR SOLA EN LA COCINA?

...Y AHORA, A PETICIÓN DE DON JOSÉ GARCIGÓMEZ, OFRECEMOS A UDS. EL HIMNO DE RIEGO
Forges

BUENOS DIAS ¿ES AQUÍ DONDE SE CONTRATAN LOS ANUNCIOS PARA LA GUÍA COMERCIAL?
SÍ SEÑOR
QUIERO PONER UNO A LAS NUEVE DE LA NOCHE QUE DIGA: "MARUJA, LA CENA"

CALMA, JOSE MARÍA; ACUERDATE DE BRUNETE
¡ESTÁ BIEN, HUEVO MALDITO; TÚ LO HAS QUERIDO!

PAPA: DÍ UN NUMERO DEL UNO AL DOCE
EL 6.008
TE HA TOCADO: "SUMA PARADOXAL DE INTEGRALES" 86 PROBLEMAS

DEJAME UNA HOJA QUE VOY A HACER PATATAS FRITAS PARA CENAR
SÍ, DOÑA ECONOMÍAS

SOY EL FONTANERO
PUES YA NO HACE FALTA, HEMOS PUESTO UNA PISCIFACTORÍA
TARDONAZO

... DEJANDO DOS LIBRES DESPUES DEL SEÑOR CON BIGOTE, LAS DOS SIGUIENTES
¡ROS A JUGAR A VUESTRO CUARTO QUE PARA UNA VEZ QUE A PAPÁ LE DAN UN PAPEL NO LE DEJAIS ENSAYAR
NOS HA REMOLACHADO AQUÍ EL SIR LAWRENCE

TE HA LLAMADO EL CAPITAN MARVEL: QUE SI PUEDES HACERLE EL TURNO DE TARDE, QUE TIENE QUE IR AL TOCÓLOGO
YA NO SABE QUE INVENTAR

MARIANO: A VER SI TE MARCAS UNA EXPLORACIÓN POR LA PLAZA Y ME CONSIGUES UNAS CEBOLLAS
TEMERARIO HÉROE

BUENOS DIAS ¿ES AQUÍ DONDE VENDEN PISOS EN PLENO CENTRO POR 3.000 MENSUALES, SIN ENTRADA?
SÍ
¿TIENE TENDEDERO?
PUES NO
YA SABIA YO QUE TENIA QUE HABER TRUCO

¿COMO QUE NECESITAS DOSCIENTAS MIL PESETAS PARA UNA BLUSA? ¿PERO TÚ TE CREES QUE YO ROBO EL DINERO?

¿CUANTAS VECES TE VOY A TENER QUE DECIR QUE NO JUEGUES CON LOS CUERNOS DE TU PADRE?

PUEDEN USTEDES APRECIAR LA FINA Y SOBRÍA NOBLEZA DEL PARQUET DE AUTENTICO PINO GALLEGO
¡EI, CARBALLEIRA!
JOPÉ, QUE SUSTO

YA NO SE DONDE VAMOS A LLEGAR... EN UNA BOTELLA DE AGUA MINERAL ME HA SALIDO EL ORFEÓN DONOSTIARRA EN SU TOTALIDAD MANIFIESTA.
DALES DE MERENDAR Y QUE SE VAYAN LUEGO
PUES PREPARA 8.000

ES UN TELEGRAMA DEL JURADO DEL CONCURSO DE NOVELA, DE SOLANILLOS DEL EXTREMO... DICE ASÍ «JAMONES JABUGO DELICIOSOS. STOP. PREMIO TURURÚ, TURURÚ, TURURÚ. STOP.»
LEÑE. STOP.
ME ALEGRO
STOP

FIJATE QUE GANGA, JOSE LUIS; POR CADA TRESCIENTOS BOTIJOS REGALAN UNO
FASCINANTE

# FLOWERS

THE FAMOUS
SiSTERS BROTHERS

¡CUANDO TE DÉ LA GANA
EMPEZAMOS, ERNESTO LUiS!

¡OH! ¡EL SIGNO DEL ZORRO!
DE "ZORRO" NADA, CHATO

SOY EL AGUILA DE FUEEGOOO...
LUEGO DICES QUE SI SON CALUMNIAS
CALLA, HORTERA QUE ESTOY TRIUNFANDO ANTE ESTE PUBLICO QUE TANTO ME LOVE Y A QUIEN TANTO DEBO.
EL CUAL NOS VA A CORRER A GORRAZOS POR TU CULPA

¡MARIA; EL MAUSER!

Y DECÍA QUE ERA UNA CALUMNIA
SÍ
AHÍ
A MÍ CUANDO SE PUSO EL APODO DE "BOCAROSA" YA ME OLIÓ MAL
Y EN LOS ABORDAJES EL ÚLTIMO
Y LO DEL DIA DEL POLISON DE LA VIRREINA
Y LO DEL OJO DE CRISTAL
Y LO DEL ZARCILLO EN LA OREJA, EN LUGAR DEL RUDO ARO
AHORA, ESO SÍ, FREGABA LA CUBIERTA FENÓMENO

BUSQUEN BIEN, QUE TENGO QUE ESTAR EN ALGUNA PARTE
SABIOS

# BLACK is NEGRO

ANTONIO: LA NIÑA ESTÁ PIDIENDO AGUA
EXCUSAME; PERO ESTOY DORMIDO PROFUNDA Y PESADAMENTE
YA
OYE, TE LO JURO
GUSTAVO: HAZ ALGO, SE HAN IDO LOS PLOMOS
¡PLOMOS VOLVED!
NADA, NI CASO
SE ESTÁ PONIENDO A LLOVER
PUES NO ES POR ALARMAR, PERO JURARÍA QUE ESTE BOTE SALVAVIDAS SE ESTÁ DESINFLANDO
LO QUE MÁS ME MOLESTA DE ESTA LÓBREGA MAZMORRA SON LAS MALDITAS RATAS
SÍ, NO LE DEJAN A UNO CONCILIAR EL SUEÑO
MUS
NO HAY MUS
PASO A LA GRANDE
CINCO
DIEZ
ÓRDAGO
A LA DERECHA LA FAMOSA TORRE EIFFEL
POR DOCE PESETAS NO PRETENDERÁ ENCIMA VER
PUES SERÁ "PARIS LA NUIT", PERO YO NO VEO NI CASTAÑA
PERDONE, CICERONE CREÍ QUE NO ME OÍA

ME PARECE QUE NOS HAN DADO EL FAMOSO TIMO DE LA LINTERNA FLÁCCIDA
NO HACE FALTA QUE LO JURES

TE AMO MUCHO, LUISA MiA
¡¡SONORO!!
¿ OH, CiELOS, MARiANO LOS NiÑOS NO ESTAN DORMiDOS ?
JO
MENOS MAL QUE ES DE NOCHE, PORQUE ME ACABO DE METER EL REMO EN EL OJO BUENO
MACHO; ERES EL PUPAS KiNG'S

Prusiana. Grillade. Parrilla para pescados, carnes y aves, que se adaptan a este sistema.

CAMA SÍ
(pero dentro de
un orden)

TARARA...RARARA.....CHHHSSS
«MUCHO RUiDO Y POCAS NUECES»
Forges

¡CLACK!
¿MARIANO DESPIERTA; CREO QUE HAY UN LADRON DEBAJO DE LA CAMA?
JAQUE MATE
DOS

DILE A TU MADRE QUE YO ME CASADO CONTIGO, NO CON ELLA
MAMÁ: QUE DICE MANOLO QUE SE HA CASADO CONMIGO, NO CONTIGO
DILE QUE ESO ES LO QUE ÉL SE CRÉE
DICE QUE ESO ES LO QUE TÚ TE CRÉES
DILE QUE SO PADRE
DICE QUE EL ABUELO
EN ESO TIENE RAZON, TU ABUELO ERA UN PINTA, COMO TODOS

JACOBO: SOY NETZER
AS

MARiANO... LAS SiETE
QUE PASEN
Forges

¿VES? TAL QUE ASÍ ES UN SÁTIRO

ERES MARAVILLOSO, MARIANO;
CINCO BOSTEZOS EN UNA HORA

Manera de hacer flores de mantequilla (primer tiempo)

Manera de hacer flores de mantequilla (segundo tiempo)

# U.S. AIR FORCES

LA VERDAD SEA DICHA YO DE PEQUEÑO QUERÍA SER BOMBERO, LUEGO. CUANDO ME SUSPENDIERON EN INGRESO DE BACHILLER, ME DÍ CUENTA QUE QUERÍA SER MÉDICO COMO MI TIO JOSE MARÍA... ESTUVE CON ESTA ILUSIÓN UN PAR DE AÑOS, HASTA QUE MI PADRE ME HIZO VER QUE MI DESTINO FAMILIAR ERAN LAS LEYES, AL ACABAR EL BACHILLERATO HICE DERECHO, EN CUYA FACULTAD CONOCÍ A MI CONCHA; YA ABOGADO PREPARÉ REGISTROS, ME SUSPENDIERON DOS VECES; NOTARIAS; CUATRO; ABOGADO DEL ESTADO, TRES; ME CASÉ CON CONCHA, ME COLOQUÉ DE AUXILIAR ADMINISTRATIVO, EMPEZARON A LLEGAR LOS HIJOS... VÍ EL ANUNCIO DE PILOTOS MERCENARIOS PARA ORIENTE MEDIO Y AQUÍ ESTOY ¿Y TÚ?
TU PADRE
Forges

NO LO HAGA, PUEDE SER PARIENTE DEL CORONEL

¡METAESA PIERNA; ES UNA ORDEN!
«LO QUE SE HAN DE COMER LOS GUSANOS QUE LO VEAN LOS CRISTIANOS»

¡RÁPIDO, COMANDANTE HÁGASE EL LOCO Y METALA MARCHA ATRÁS!
CALLESE, ¡IDIOTA Y SALUDE

SEGÚN EL PLANO ¿DONDE ESTAMOS?
ESTAMOS EN "YO TE JURO, MARGARET, QUE NO FUI YO"
¿QUE RAYOS DICE, FLANHAGAN?
ES QUE MI SEÑORA SE HA EQUIVOCADO, Y EN LUGAR DEL PLANO ME HA METIDO EN LA CARTERA UNA FOTONOVELA
Forges

POR FAVOR: HOY NO SE EMBALE QUE NO ME HE PUESTO LACA
PAÍS
Forges

ALTURA: 0 METROS
VÁYASE A FREIR ESPARRAGOS

Mi COMANDANTE: HA PASADO UN LUCIO A TODA MECHA
NO ERA UN LUCIO; ERA UN BARBO
PERDONE

VAMOS A VER ¿QUE HE DICHO YO?
QUE PONGA RUMBO SUR
Y USTED VÁ Y PONE RUMBO NORTE, Y YO PREGUNTO ¿QUIÉN MANDA EN ESTE AVIÓN?
SU SEÑORA
PUES ES VERDAD

SUPONGAMOS POR UN MOMENTO QUE ME HE ARMADO UN LIO CON LOS PLANOS Y HEMOS BOMBARDEADO NUESTRA BASE, PREGUNTO ¿LE DOLÍA HOY LA ÚLCERA AL CORONEL?
CIELOS

SERÍA UN PATO, PERO DESDE LUEGO LO HE DERRIBADO, QUE SOY YO MUY BUENO DANDO SARDINETAS, ASÍ QUE ME LO APUNTO COMO ENEMIGO, PORQUE SE FIJABA MUCHO Y LO MÁS SEGURO ES QUE FUERA UN PATO-ESPÍA
ERA UN BUHO
MÁS A MI FAVOR
Forges

POR FAVOR, COMANDANTE: NO VAYA TAN LANZADO QUE SE ASUSTA MI OSITO DE FELPA
FLANHAGAN: LO SUYO ES DE PSIQUIATRA
PUES YA NO LE AJUNTO, HALE
Forges

CAPITÁN: LLAMAN DE LA BASE, PREGUNTAN QUE SI NOS HEMOS LLEVADO EL "PLAY-BOY"
QUE NO
OYE: QUE NO

POR CIERTO ¿SABE USTED LO QUE PAGÓ AYER MI SEÑORA POR CIEN GRAMOS DE QUESO?
¿GRUYERE?
NO, DOSCIENTAS

ME HE VESTIDO DE CASTAÑERA PORQUE HOY TENGO UN DIA LOQUÍSIMO
LAS MANITAS QUIETAS

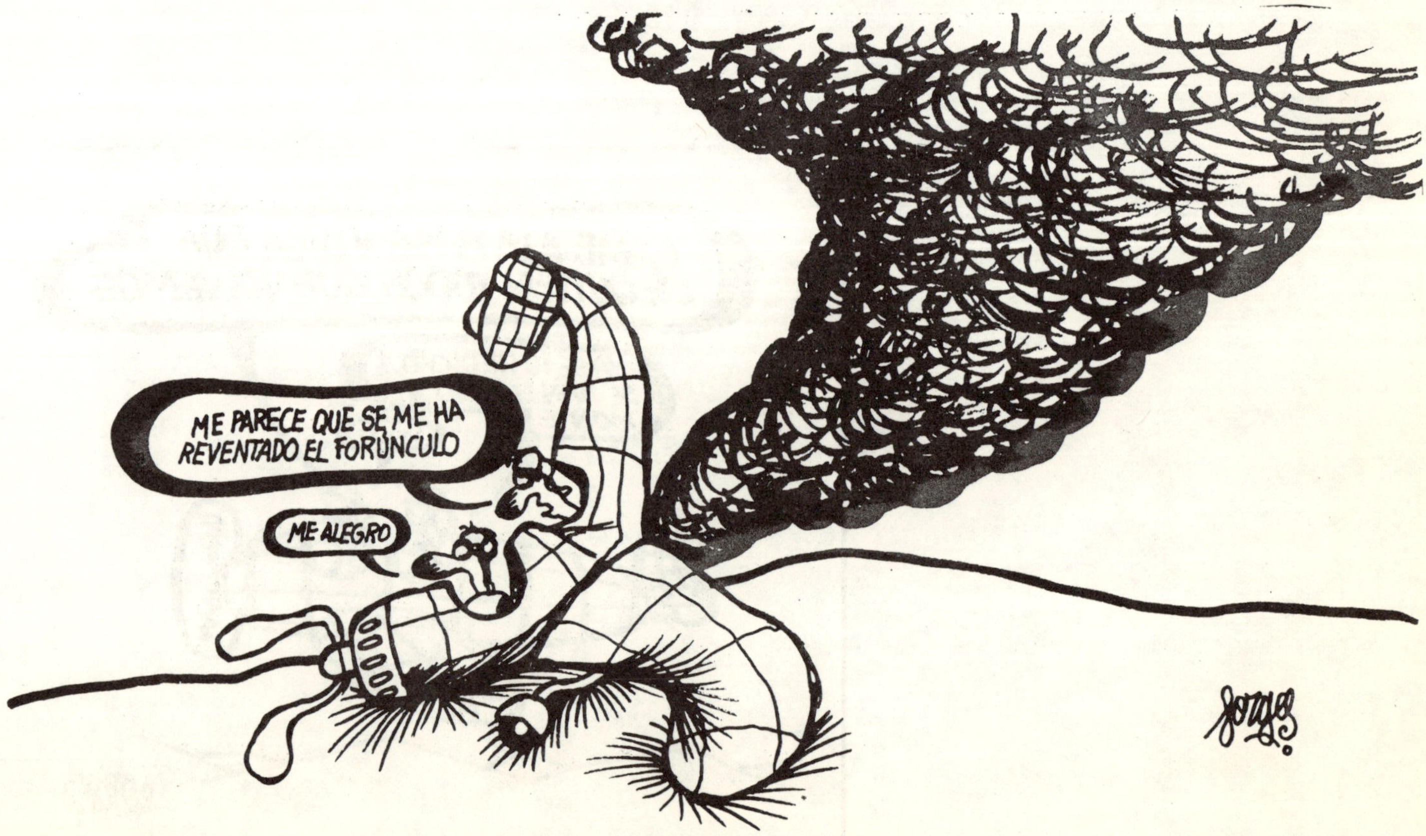
ME PARECE QUE SE ME HA REVENTADO EL FORÚNCULO
ME ALEGRO

LLEVABAMOS 75 DERRIBOS
Y CON ESTE 76
EN SOLO 2 MESES
NOS ECHAN
SÍ

LLAME A LA BASE Y DIGA QUE SE QUITEN TODOS, QUE VOLVEMOS
YA SE LO HE DICHO, Y SE HAN ECHADO AL MONTE
VALE

ESTOS NUEVOS MISILES TIERRA-HONRA SON DE LO MÁS MOLESTO
EFECTIVAMENTE

¡QUE BESTIAS, SI NO NOS LLEGAMOS A ESTRELLAR NOS DERRIBAN!
POR UNA VEZ ESTAMOS DE ACUERDO

Mi COMANDANTE: ¿ESTE AVIÓN ES A REACCIÓN?
NO; ES DE HÉLICE
PUES ENTONCES NOS HAN DADO

HOY NO VOLAMOS PORQUE EL AERODROMO ESTÁ BAJO MÍNIMOS PRESUPUESTARIOS
SERÁ METEOROLÓGICOS
NO; ES QUE COMO ESTE MES NOS HEMOS CARGADO SEIS APARATOS
JOBAR CON LA ESTADÍSTICA

SERVIDOR, ANTES DE DESPEGAR, QUIERE HABLAR CON SU ABOGADO
YA EMPEZAMOS

NOS ESTAMOS QUEDANDO SIN COMBUSTIBLE
PUES YO AL SALIR HE LLENADO EL PORRÓN
NO, SI DIGO DEL OTRO

LLAME A LA BASE Y DIGA QUE NO FUNCIONA EL ALTIMETRO
GRANDIOSO
ES QUE TAMPOCO FUNCIONA LA RADIO

¿LE APETECE ALGO FRESCO?
HOMBRE, YO ME TOMARÍA UN FANTA DE MIRINDA
7.500
JOPÉ

DE ACUERDO:
NOS HEMOS SALVADO POR LOS PELOS DE LOS ANTIAEREOS, PERO DESE PRISA QUE MUCHO ME TEMO QUE VOY ENSEÑÁNDOLO TODO
Forges

YA LO HE ENCONTRADO, TENGA; SU PARACAIDAS
PESTES
Forges

Manera de hacer patatas a la cuchara (primer tiempo)

Manera de hacer patatas a la cuchara (segundo tiempo)

# ¡PASTA, PASTA!

¿VUELVA CUANDO DESEE, YA SABE QUE ESTAMOS A SU DISPOSICIÓN!
CREDITOS

SEÑORITA: BAJE AL ARCHIVO Y SUBAME LA CARPETA DE PROYECTOS IRREALIZABLES QUE HOY TENGO EL DIA CHORRA
PUES QUÉ BIEN

NO SÓLO TENEMOS JEFE DE VENTAS; AHORA VAN Y NOMBRAN JEFE DE VISTA ALEGRE
A UN BÍZCO
Y ADEMÁS ESO

CREO QUE NO VA A HABER MÁS REMEDIO QUE COMPRARLE UNA SUMADORA AL CONTABLE O LE VA A DAR ALGO
SÍ
Forges

NO ES PORQUE SEA EL PRESIDENTE DEL CONSEJO DE ADMINISTRACIÓN, PERO FÍJENSE USTEDES QUE PANTORRILLA

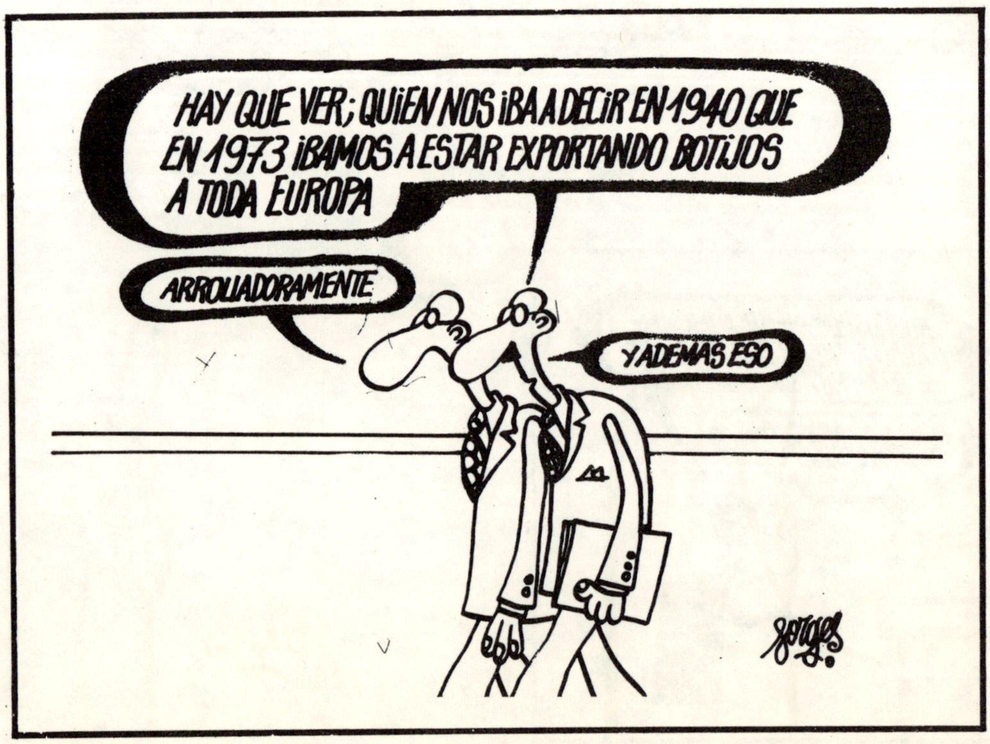
HAY QUE VER; QUIEN NOS IBA A DECIR EN 1940 QUE EN 1973 ÍBAMOS A ESTAR EXPORTANDO BOTIJOS A TODA EUROPA
ARROLLADORAMENTE
Y ADEMÁS ESO

NO SÉ POR QUÉ, PERO PRESUMO QUE GÓMEZ VÁ A PEDIR SU LIQUIDACIÓN DE UN MOMENTO A OTRO
DEDUCIBLE

BANCO
BUENOS DIAS; VENÍA A VER SI ME PODÍAN RENOVAR ESTA LETRA QUE ME VENCE HOY
PARECE MENTIRA QUE UN SEÑOR CON UNA FACHA TAN FORMAL ESTÉ YA TROMPA A LAS ONCE DE LA MAÑANA

BIEN ¿DONDE NOS HABÍAMOS QUEDADO?
EN «MUY SEÑORES MIOS...»
YA... «EN CONTESTACIÓN»

SE ME HA OCURRIDO UN NEGOCIO FABULOSO, DE POR LO MENOS TREINTA AÑOS Y UN DIA.
JOPELINS

BUENOS DIAS: DESEARÍA VER AL PRESIDENTE DEL CONSEJO DE ADMINISTRACIÓN
ESTÁ REUNIDO
EN OTRO ORDEN DE COSAS ¿TIENE USTED ALGO QUE HACER ESTA TARDE?
INFORMACIÓN

HE INVERTIDO UN MILLÓN OCHOCIENTAS MIL
¿EN TELEFÓNICAS?
NO; EN VICKY
YA

TRANQUILICESE; NO ES LA INFLACION, ES MI SEÑORA

A GÓMEZ LE HAN DEBIDO LLAMAR PARA QUE INFORME, PORQUE SE HA COLOCADO LA VIPERINA
ESTAMOS AVIADOS

# ROLLO PLUS

ASIMILACIÓN QUIMIOSINTÉTICA DEL CARBONO

Según ha demostrado OMELIANSKY, las bacterias nitrificantes son incapaces de atacar las substancias nitrogenadas orgánicas. Por este motivo la nitrificación de la materia orgánica que se descompone en el suelo por obra de los saprofitos, sólo puede verificarse con la colaboración de las bacterias *amonificantes* (pág. 214), que separan los radicales amino (—$NH_2$) de esas substancias en forma de $NH_3$ (desaminación). En los estercoleros y letrinas, donde se desaminan gran cantidad de aminoácidos y de urea por la fermentación amoniacal de ésta (ver pág. 214), las bacterias nitrificantes originan grandes cantidades de nitratos, que aparecen cristalizados sobre las paredes en forma de eflorescencias blancas, de sabor típico, salado fresco.

OMELIANSKY (cuadro VIII) ha visto experimentalmente la colaboración de las bacterias amonificantes, nitrosificantes y nitrificantes, sembrando en caldo de carne esterilizado cultivos puros de *Bacillus ramosus* (amonificante) (*a*), *Nitrosomonas* (*b*) y *Nitrobacter* (*c*) solos y mezclados de todas las maneras posibles. En el caldo infeccionado con los tres microbios ($a + b + c$) se forman nitratos; en el infeccionado con *B. ramosus* y *Nitrosomonas* ($a + b$), se forman nitritos; en el infeccionado por *B. ramosus* (*a*) o por *B. ramosus* y *Nitrobacter* ($a + c$) se forma sólo amoníaco; finalmente en el infeccionado con las dos bacterias de la nitrificación ($b + c$) el caldo queda inalterado.

CUADRO VIII.—EXPERIMENTO DE OMELIANSKY (explicación en el texto)

| Nitrógeno orgánico | $NH_3$ | $NO_2H$ | $NO_3H$ |
|---|---|---|---|
| $a + b + c$ ——— | ——— | ——— | ——→ |
| $a + b$ ——— | ——— | ——→ | |
| $a$ ——— | ——→ | | |
| $a + c$ ——— | ——→ | | |
| $b + c$, inalterado | | | |

**Las sulfobacterias quimiosintéticas.**—Existen en la Naturaleza varios grupos de bacterias que viven en aguas cargadas de ácido sulfhídrico y que utilizan este cuerpo para su nutrición. En el cappítulo XXXII hemos estudiado el caso de las rodobacterias, que son fotosintéticas. Aquí nos ocuparemos de otras especies que carecen de pigmentos asimiladores y son autótrofas quimiosintéticas. Las más importantes son las *Beggiatoa,* como *B. alba*. Se trata de bacterias de gran tamaño y muy pleomorfas. Su forma típica (fig. 153) es la de un largo filamento constituído por una verdadera pila de células discoidales. Su interesante vida se conoce gracias a HOPPE-SEYLER (1886) y, sobre todo, a WINOGRADSKY (1887). Estos investigadores demostraron que las inclusiones gutulares de azufre que se encuentran en el protoplasma de esas bacterias (figura 153, *a*) son el resultado de la oxidación del sulfhídrico con auxilio del oxígeno atmosférico, según la siguiente ecuación:

$$SH_2 + \tfrac{1}{2}O_2 \longrightarrow H_2O + S \qquad [1]$$

# Variada
# MISCELANEA

¡RINDETE, PROCELOSO SER...! SOY FLASH GORDON
FLASH GORDON NO TIENE BIGOTE
BUENO, SOY SU CUÑADO... ES QUE ÉL HA TENIDO QUE IR AL MÉDICO DEL SEGURO
ENTONCES NO SE ME TIRE MATUTINOS PEGOTES
ES QUE ÉL ME HA DICHO "TÚ VAS Y LO TRINCAS"
YA.
ANDE, HAGA EL FAVOR, QUE ES QUE ÉS MUY SUYO
FORGES

¡BANG!
¡FROCK!
¡TAPLAC-TAPLAC!
¡FUSCL-FUSCL!

RÁPIDO, OTRA
PUES NO HAY MÁS
MAGNÍFICO

PUES CHICA; YO ME ESTOY DEJANDO BIGOTE POR LA COSA POSCONCILIAR

¡VAYA, HOMBRE; SE ME HA CAIDO LA TOBA EN TODA LA ASADURA!

CUANDO SIENTO UNA GUITABARRA MENTRAN GANA DE LLORA'
QUE SÍ, QUE MUY BIEN; PERO SON 12 PELAS DEL TABACO

MARIANO...QUE VAS A LLEGAR TARDE A LA OFICINA...

¡EL VIEJO TRUCO DEL PASEILLO DISPLICENTE!
MUCHO ME TEMO QUE HE SIDO DESCUBIERTO

TENGO UN COLMILLO PICADO QUE ME LAS ESTÁ HACIENDO PASAR CANUTAS
¿Y POR QUÉ NO VAS AL DENTISTA?
YA HE IDO TRES VECES, PERO HUYE PRESTAMENTE
PAÍS

Forges

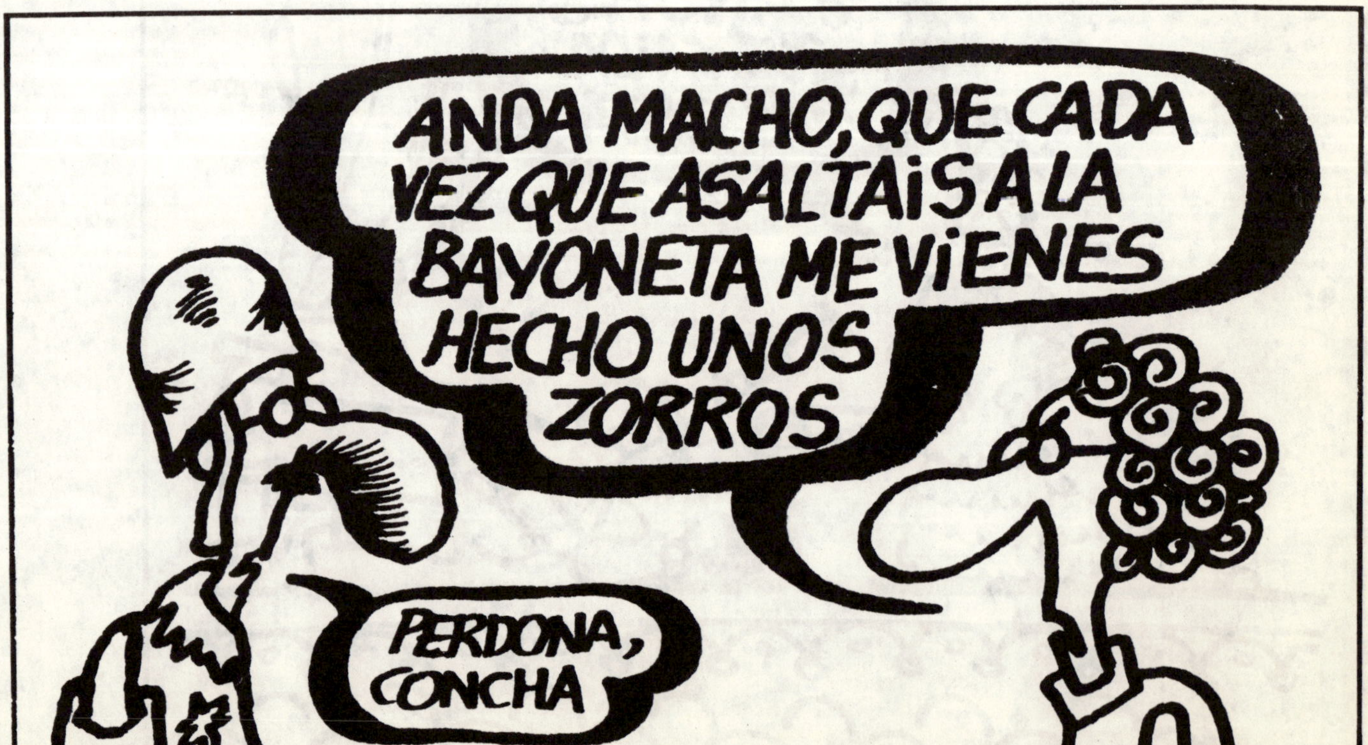
ANDA MACHO, QUE CADA VEZ QUE ASALTAIS A LA BAYONETA ME VIENES HECHO UNOS ZORROS
PERDONA, CONCHA

TEN CUIDADO QUE POR AQUÍ CREO QUE YA NO SE HACE PIÉ
VALE

¡ARSA! QUÉ CAIDA MÁS TONTA
COÑE

LE ADVIERTO QUE A PESAR DE TODO SOY YO MUY DE DERECHAS

MARIANO: ME HAN AFANADO UN CUERNO
ESE HA SIDO LUIS CANDELAS

NO LE HAGAS CASO...
HOY ESTÁ EN ÁCRATA.
Forges

HUELE A CUERNO QUEMADO
ES QUE LOS DE LA CALDERA 7
ME HAN DADO UNA AHOGADILLA
SON UNOS CHUSMAS COSA MALA
Forges

¿HORTERA YHO? ¡PUES YHA NO TE YEVO EL DOMINGO AL FURBO!
HABLAS MÁS FINO QUE BECKER
¿BECKENBAUE EL DEL MUNICH?

A VER COMO DESPEJAS, QUE VAMOS 784 A 0
A 1
BUENO; A 1

¡PASEN Y VEAN al PRÓCER de los MIL CHAQUETAS!
ÚNICO EN EL MUNDO
TAQUILLA
DISFRUTAN COMO LOCOS
SÍ
forges.

DEME UN PARAGUAS
¿NACIONAL O IMPORTADO?
PORRAS
PUESNO, PORRAS NO TENGO

MARIANO, CIERRA EL PARAGUAS QUE YA NO LLUEVE
NO; SI ES PARA QUE NO SE TE PERCIBA

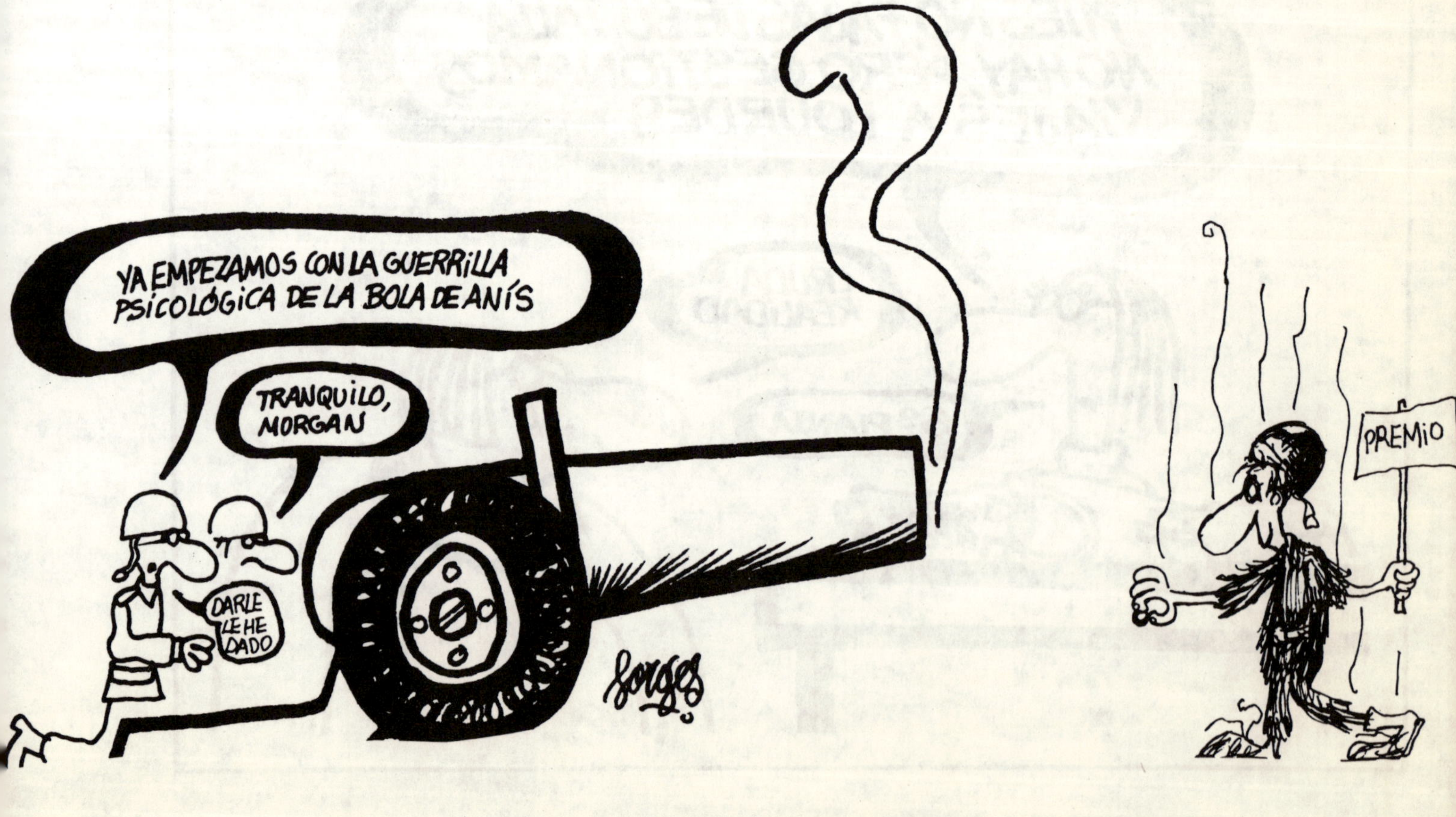
YA EMPEZAMOS CON LA GUERRILLA PSICOLÓGICA DE LA BOLA DE ANÍS
TRANQUILO, MORGAN
DARLE LE HE DADO
PREMIO
Forges

TIENE ESCASPORNIADO EL FIRDULASTO DE LA PERCUTORIA
¿ME LO PODRÁ TENER PARA ESTE SABADO, QUE TENGO DESEMBARCO?
SI LO HUBIERA LLEVADO A LA REVISIÓN NO ME VENDRIA AHORA CON PRISAS

PUES NO, FAJAS DE SU TALLA NO HAY, PERO GESTIONAMOS VIAJES A LOURDES
CRUDA REALIDAD
6ª PLANTA

OYE, ESPERAD UN MOMENTO
QUE ME SÉ UNO DE BATURROS
MUY BUENO

¡QUE VOY,
QUE CESO!
CUIDADO, NO SE MUEVA
QUE PASA EL ANGEL DEL CESE
PIEDRA
SOY

AYER A MI SEÑORA, LE DIERON EN LA TIENDA UNA LATA DE ANCHOAS ESPECIALMENTE "PACKED FOR THE ARMADA INVENCIBLE"
¿Y QUE HAS HECHO CON ELLA??
NO HE HECHO NADA; HUYÓ POR LA VENTANA EN GUSANILGALOPE

CiNE PACHULÍ
HOY a las 7 y a las 11
«EL ÚLTiMO TANGO EN PARiS»
y
«NARANJA MECÁNiCA»
¡FABULOSO PROGRAMA DOBLE!
¡LAS PELÍCULAS MÁS ESPERADAS!
NOTA: CiNE PACHULÍ, SiEMPRE ATENTO A LA COMODIDAD DE SUS ESPECTADORES, DISPONE EN LA TERRAZA DEL EDIFICIO DE UN AMPLIO APARCAMIENTO PARA SU PLATILLO VOLANTE.

¿ALMACEN? BUENOS DIAS...
¿SE SABE ALGO DEL BOLÍGRAFO QUE SOLICITÉ EN 1967?
YA...
CLARO
...DEL PRESUPUESTO...
LO COMPRENDO...
EN FIN...
SÍ...

NADA; ESTE SELLO DE LA CONMEMORACIÓN DEL DESCUBRIMIENTO DE LA PENICILINA POR RAFAEL FARINA NO FIGURA EN NINGÚN CATÁLOGO
PUES EL GITANO QUE ME LO HA VENDIDO...
YA
¿DEBO ENTENDER?
SÍ

SE ESPERA LA COSECHA DEL SIGLO
ME DA LO MISMO; SOY ABSTEMIO
NO, SI ES DE TRIGO
PUES MÁS A MI FAVOR

VENTANILLA DE DECIR QUE "ESO ES EN LA DE AL LADO"

AHORA SE DEDICA A LA CRITICA CONSTRUCTIVA
JURARÍA QUE ES UN PAREDÓN
CONSTRUIR CONSTRUYE

A ESTO DEL P.P.O NO LE VEO YO...

OS VOY A TENER QUE DEJAR, TENGO QUE ABRIR LA PESCADERIA...

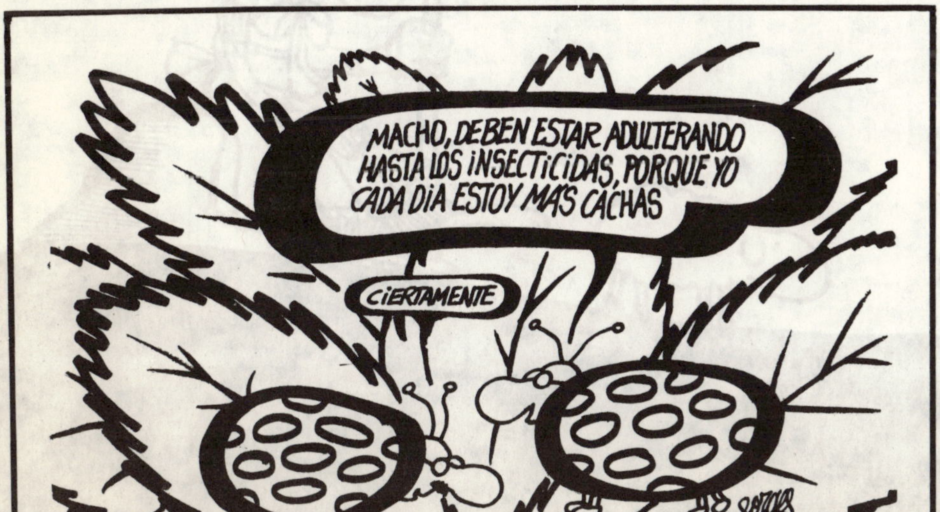
MACHO, DEBEN ESTAR ADULTERANDO HASTA LOS INSECTICIDAS, PORQUE YO CADA DIA ESTOY MÁS CACHAS
CIERTAMENTE

NO SE DEJEN IMPRESIONAR; HOY TRAE SU CINGULO DE EXULTAR DECADAS...
Forges

¿ES O NO PROPICIA LA COYUNTURA? PREGUNTO
HALLOME EN PLENO ANALISIS DE LA PROBLEMATICA
Forges

ANALIZADAS TODAS Y CADA UNA DE LAS SOLUCIONES OFRECIDAS POR EL SERVICIO PERTINENTE, ME HE PERMITIDO INCLINARME HACIA TRES DE ELLAS: QUESO MANCHEGO, SALCHICHÓN O CHICHARRONES
BUENO, PUES BOCADILLO DE QUESO MANCHEGO
CASI ESTABA POR SUGERIRSELO

MADRE, QUE SE VA UD. A LASTIMAR

¿TIENE CAMISETAS DE FELPA COLOR CARNE?
PUES NO
PUES YO PALMO

¿ES USTED TARZAN DE LOS MONOS?
PARA SERVIRLE
PUES QUE CUANTO ME DA POR ESTE
GENUINO DE VERGARA
COSA FINA
forges

COMUNICO A V.I QUE NO ES NECESARIO QUE ME PONDERE LAS VIRTUDES RACIALES, ES UN SIMPLE PINCHAZO DE FÁCIL REPARACIÓN
Forges

EN ESTA CAJA DE CALDO ME HA SALIDO UN VALE PARA DARLE UN CAPÓN A MI MARIDO
ENHORABUENA

# Náufragos en GENERAL

¿QUE FALLO, NOS VIENEN A RESCATAR Y YO CON ESTOS PELOS!

SUSPENDIDO; HA ROZADO USTED LA PIEDRA
¡OH, NO!
OH, SI

MARIANO, ESPERA UN MOMENTO QUE SE ME HA PUESTO LA BORRASCA EN TODO EL COSTALAR
JO, MACHO: TE LO JURO: ERES EL PUPAS
B

PUES SERÁ EL PLAN POND'S DE BELLEZA EN 7 DIAS, PERO LLEVAS 8 Y SIGUES IGUAL DE FACHA
AGORERO

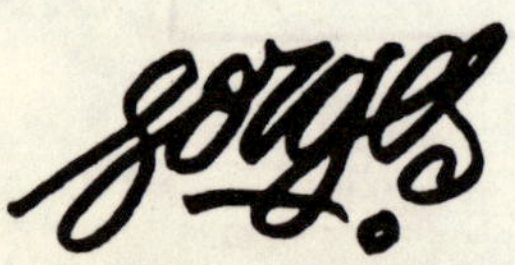
Forges

ES DE LA ACADEMIA DE CIENCIAS SUECA, COMUNICANDO QUE COMO NO HAY PREMIO NOBEL DE HAMBRE, QUE NO.
TE LO ADVERTÍ
SÍ, PERO HOY ESTOFADO DE FOLIO
Forges

JOSE MARÍA: DÉJAME EL PIÉ QUE HOY ES AYUNO Y ABSTINENCIA
Forges

JESUSITO DE MI VIDA...
ERES NIÑO COMO YO...
Forges

ME HE PEGADO UNA PANZADA CRIMINAL
TE LO ADVERTÍ

PUES YO JURARÍA QUE ESTE FIN DE SEMANA ME TOCABA A MÍ EL CHALET
PUES NO

¡TIA BU...!
ESTOY PERDIENDO REFLEJOS A MANTA
Forges

¡ASQUEROSO, MAS QUE ASQUEROSO, MIRA QUE COMERTE MI RIMMEL!
Forges

¡CAMPEÓN DE 80 CENTIMETROS LISOS!
DE ESO NADA, QUE HE LLEGADO YO ANTES
NO DIGAS CHORRADAS QUE TE HE SACADO POR LO MENOS DOS MILESIMAS DE SEGUNDO
SI NO NOS HUBIERAMOS COMIDO EL CRONÓMETRO NO HARÍAS ESTAS TRAMPAS

¡AAAAAHHHHHHHHH...!
YO TARZÁN... TÚ CHITA
33

¿TE IMPORTA DEJAR DE MORDERME LA PIERNA?
Forges

TE HIEDEN LOS PINRELES UNA COSA TRIUNFAL
AFIRMO

SUPONGO

COMPRE... VENDA... COMPRE
...VENDA... COMPRE...
TU PADRE... TU MADRE...
TU PADRE... TU MADRE...

ALBERTO : YA
AGUANTA UN POCO, QUE A LO MEJOR VIENE UN BARCO
ES QUE LLEVO ASÍ TRES MESES DE CLAVO

ME PARA EN MANUEL BECERRA
QUE YA LE HE OIDO, QUE NO SOY SORDO
NO, ES QUE COMO SOLO LE OÍA JADEAR Y NO DECÍA NADA...
FORGES

¡NO MOLESTE, SUCIO Y MARGINADO HIPPY!

UN DIA TE VOY A METER LA ARMÓNICA POR DONDE YO ME SÉ.

ES DEL CONCURSO DE LOS SOBRES DE SOPAS; QUE NOS HA TOCADO UN PICARDÍAS
JOBAR

TAL QUE ASÍ SE PONÍA MI PRIMA LA ECUYERE
TÚ ME ESTÁS BUSCANDO Y UN DÍA ME VAS A ENCONTRAR

¿LE HAS PUESTO PIEDRA DE URGENCIA?
QUE SÍ

¿CUANTO TIEMPO LLEVAMOS PERDIDOS?
UNOS TRES MESES
ANDA QUE TIENEN QUE ESTAR BUSCANDONOS COMO LOCOS
LOS FABRICANTES DE AVIONES
TOMA, CLARO: LES SOMOS IMPRESCINDIBLES

¿Y CUANDO VAN A RECIBIR LAS CANOAS?
PUES UN DIA DE ESTOS
ES QUE VAN YA SIETE AÑOS

AL FIN LES ENCUENTRO ¿Y MI MARIDO?
DEBAJO

LAS 22 HORAS 30 MINUTOS; ME TOCA A MÍ, VENGA
NAS ANELANNADO, NACHO
DE ESO NADA

QUE PARA EL SABADO POR LA NOCHE SÓLO QUEDAN DE LA FILA 1
PUES DILES QUE NI HABLAR

SEGÚN MI PLANO SECRETO ESTAMOS EN EL CAMINO VIEJO DE LEGANES
LA MADRE QUE TE PARIÓ